Super ET

Dello stesso autore nel catalogo Einaudi

L'ombra e la luce

Umberto Veronesi

Dell'amore e del dolore delle donne

Einaudi

Prima edizione «Frontiere Einaudi»

www.einaudi.it

Ringrazio le pazienti dell'Istituto europeo di oncologia che in occasione del nostro incontro per le donne operate al seno offrono ogni anno le loro testimonianze scritte e coloro che hanno partecipato al concorso letterario *Le donne raccontano* promosso dal Forum italiano di Europa Donna. Il testo delle testimonianze alle pp. 79-80 si può leggere in forma completa nell'antologia *Il prima e il dopo. Quando la mia storia diventa la sua storia*, Baldini Castoldi Dalai, Milano 2007.

ISBN 978-88-06-21114-1

Dell'amore e del dolore delle donne

Desidero ringraziare Donata Francese per tutto il tempo e l'intelligenza che ha voluto dedicare a questo libro.

Un singolarissimo sorriso

«Già da bambino, intuivo che quel singolarissimo sorriso rappresentava per ogni donna una strana, piccola vittoria. Sí, un'effimera rivincita sulle speranze deluse, sulla grossolanità degli uomini, sulla rarità, in questo mondo, di cose belle e vere. Se allora avessi saputo dirlo, avrei chiamato quel modo di sorridere "femminilità"». È l'incipit di un bellissimo libro di Andreï Makine, *Il testamento francese*, e potrebbe essere per molti uomini la descrizione di uno dei ricordi piú intensi che ciascuno si porta dentro: un sorriso di donna. Per me, quello di mia madre.

Si chiamava Erminia Verganti. L'ho citata in molti libri, eppure è una delle rare volte che rendo pubblico il suo nome. Finora è stata solo mia madre, come se la sua identità fosse unicamente riassumibile nel suo ruolo di genitore, come se esistesse unicamente in quanto mamma.

Forse è cosí solo per me, per via della mia storia, magari invece vale per tutti i figli maschi: la donna che ci ha messo al mondo è un essere senza passato, una creatura asessuata, impermeabile agli eventi e al tempo. Ci convinciamo che sia indifferente alle passioni, immune alle paure e ai tormenti, persino quando la vediamo perdere poco a poco contatto con il mondo, e la sua luce si fa fioca. Persino quando invecchia e muore.

Mia madre ha vissuto lottando a denti stretti per donare a me e ai miei fratelli ogni cosa. Eccetto il suo dolore, che ha tenuto per sé.

Ricordo mia madre serena e bellissima occuparsi di noi. Vivevamo in una cascina alla periferia di Milano, e in campagna durante l'inverno era molto freddo. Di giorno stavamo tutti in una grande stanza a pianterreno, lí c'era la «cucina economica» a legna che funzionava insieme da stufa e fornello, la sera salivamo una scala che portava alle stanze, due camere in tutto: una in cui dormivamo noi fratelli, un'altra per i nostri genitori. Il momento di andare a letto era uno dei piú belli della giornata, e l'avremmo prolungato all'infinito: mamma Erminia si fermava nella nostra stanza e passava sulle lenzuola lo *scaldino*, una sorta di piccola pentola in rame con un lungo manico e i bordi bucherellati chiusa da un coperchio, in cui, sotto la cenere, si nascondeva la brace ancora accesa. Mia madre lo spostava da un letto all'altro e noi bambini scivolavamo lesti in quello appena scaldato, cercando con i piedi quel bel tepore che si annidava in mezzo alle coperte gelate. Poi restavamo fermissimi, rannicchiati, per non disperdere neppure un soffio di calore. Qualche volta, per scaldarci di piú, la mamma infilava nei nostri letti il *prevost*, una specie di gabbia di legno con un cuore caldo: dentro c'era un contenitore in terracotta pieno di brace. Si chiamava cosí forse per poter dire: «Vado a letto con il prete!», senza che fosse una bestemmia. Spesso il freddo era cosí forte da ghiacciare l'acqua nei bicchieri, ma lo stesso, ogni sera, lei aveva la cura di versarcene uno nuovo e di lasciarlo sul tavolino. Poi si chinava su ogni letto e distribuiva lenta la sua buonanotte, e solo allora cedevamo al sonno, confortati dal calore del *prevost* e dai suoi baci.

I figli sono spesso innamorati delle madri. Io lo sono stato sicuramente molto e non me ne vergogno. Non ho mai cercato di nasconderlo né a me stesso né agli altri. Ho perso mio padre a sei anni e da allora, per me, la mamma è stata madre, padre e compagna: una presenza costante e insieme discreta, che è rimasta al mio fianco dall'infanzia alla giovinezza. Non ho mai sperimentato quel desiderio assassino che sembra provino i figli maschi nei confronti del proprio padre; non c'era bisogno di lottare per l'attenzione della mamma, di strapparla a qualcuno con la prepotenza o con i ricatti. Quando è mancato nostro padre i miei quattro fratelli erano già grandi, e l'unico possibile «avversario» nella conquista era una donna, allora piccolissima: mia sorella Franca, nata dopo la morte di papà.

Amare ed essere amato senza prevaricazione e senza abuso: questo ha imparato il bambino che ero e che, una volta uomo, non ha avuto bisogno di uccidere psicologicamente sua madre per poter amare altre donne. E, per fortuna, nessuna delle donne che mi hanno amato ha sentito il bisogno di uccidere la madre dentro di me.

Sono cresciuto in una modesta famiglia di origini agricole, e sono rimasto prestissimo orfano di padre, eppure mi considero privilegiato: ho ricevuto un amore materno totale, e i miei quattro fratelli piú grandi si sono presi sempre cura di me, proteggendomi come fossimo una specie di clan. Forse anche a causa di questo elemento della mia vita sono molto sensibile allo studio di tutti i conflitti, a partire da quelli familiari da cui, sono convinto, derivano inevitabilmente molte forme di ostilità e aggressività che fanno parte della nostra vita sociale.

Con il passar degli anni e a causa della mia professione, ho conosciuto realtà familiari molto diverse dalla mia e ho scoperto che la famiglia non è sempre un nido d'amore. Entrare in una casa dalla porta della malattia significa poter accedere ai sentimenti delle persone che la abitano: spesso, purtroppo, ho toccato con mano la tensione violenta, a volte gli orrori, che possono nascere in seno a un nucleo familiare tradizionalmente inteso – genitori, figli, fratelli e sorelle, che vivono sotto lo stesso tetto. Anche le madri rinunciano in questi casi al loro ruolo di custodi della pace. Se è vero che la donna persegue istintivamente l'ordine e l'armonia e rifugge le dissonanze e il caos, è anche vero però che un clima familiare conflittuale può avere un peso tale da stravolgerne l'equilibrio. Per natura la donna non è attratta dalla violenza in sé, eppure esistono casi limite, tristemente testimoniati dalla cronaca recente. La strage di Erba o il pluriomicidio di Erika a Novi Ligure: tutti drammi che hanno come protagoniste figure femminili.

Il numero degli omicidi negli ultimi dieci anni è diminuito; se però andiamo ad analizzare la tipologia dei delitti, scopriamo che mentre in passato erano commessi soprattutto dalla criminalità organizzata, oggi si consumano sempre piú in seno alla famiglia o fra amici o vicini di casa. Oggi si ammazza sempre meno per questioni politiche, sempre meno per rubare, ma si ammazza ancora tanto per odio.

E se anche provassimo a non pensare a situazioni estreme – il sangue, la follia, la psicopatologia –, chi di noi non ha comunque almeno un ricordo di conflitti familiari profondi, vissuti sulla propria pelle o indirettamente, incrociando le vite degli altri? La famiglia può trasformarsi in un covo di soprusi, soprattutto quando non riescono a detonare in modo sano quelle pulsioni di amore e odio, di comunione e istinto assassino, che sono inscritte biologicamente nel rapporto tra genitori e figli. Quante volte lo abbiamo sentito: per affermare se stesso come individuo il ragazzo deve uccidere simbolicamente il padre, e la ragazza deve annullare la madre. C'è un momento nella vita di ogni uomo e di ogni donna, in cui il bambino che siamo stati se ne va, ci abbandona: una morte naturale, che si porta via parte dell'affetto che ci univa alla nostra famiglia d'origine. Solo allora si può rinascere, e si rinasce come adulti, come individui in grado di creare se lo vogliamo un nuovo, nostro, nucleo familiare.

A volte questo passaggio può essere traumatico. Io l'ho provato sulla mia pelle, con i miei figli, e in particolare con uno di loro: il piú brillante a scuola sin dal liceo, un ragazzo impegnato e studioso, partecipe entusiasta della vita di famiglia. Una sera, di ritorno a casa, lo trovai con una nuova capigliatura: una cresta arancione proprio al centro della testa. Non fui capace di commentare: l'immagine mi lasciò senza parole. Ci pensò lui a rompere il mio imbarazzato silenzio, con un annuncio che fu ancora piú scioccante dei suoi capelli: «Papà parto. Vado a Londra». «Perché?» «Perché ne ho bisogno», fu la sua risposta.

Mia moglie e io lo lasciammo partire con qualche soldo e con grandissimo dolore. Ci misi un po' di tempo a capire cosa era quel bisogno, andai anche a trovarlo a Londra, per rendermi conto di che cosa cercasse. Solo con il tempo capii che non riusciva a spezzare la catena troppo pesante del nostro amore accudente e protettivo, e decise di provarci con un gesto «violento», persino un poco plateale.

Spesso, incuriosito da una contraddizione che sembra annodare inscindibilmente odio e amore, ho provato a guardare indietro, alla storia della nostra civiltà e di quelle piú lontane. Ho scoperto che nelle società tribali esiste un rito di iniziazione per entrare nel mondo degli adulti, e questo rito è spesso accompagnato da un atto violento. Tutti i riti di passaggio prevedono l'allontanamento, la segregazione, e la riaggregazione. Ed è proprio nel momento dell'allontanamento che l'iniziato è sottoposto a prove dolorose. La fustigazione che era imposta ai ragazzi spartani, ad esempio, ha molto in comune con un rituale che i giovani subiscono ancora in molte società tribali: la «scarificazione» della pelle eseguita con strumenti affilati che lasciano sul corpo cicatrici fittissime (*scar* in inglese significa appunto cicatrice), disposte generalmente in modo da formare un disegno, una decorazione. Anche oggi, anche qui, i ragazzi esibiscono tatuaggi e piercing perché esiste ancora, evidentemente, un bisogno forte di dare forma e mostrare la propria identità usando il corpo come totem.

Questo non è certo l'unico retaggio tribale con cui possiamo quotidianamente fare i conti e non sono tutti negativi: nella famiglia-clan di modello patriarcale è ancora forte il valore dei legami di sangue e della solidarietà, e persiste il desiderio di tramandare pensiero e tradizioni.

Io stesso sono ancor oggi a capo di un clan familiare, e ci sono certi rituali di cui proprio non voglio fare a meno. Ho sette figli e quindici nipoti, e ogni festa o ricorrenza è un'opportunità per riunirli tutti attorno al tavolo da pranzo. Davvero in quelle occasioni siamo quasi una tribú, e il fatto che per me siano momenti bellissimi, irrinunciabili, suscita spesso stupore e incredulità.

Ma come, mi dicono, tu che fai il paladino della libertà di pensiero e di azione, tu che ti dichiari contro tutti i luoghi comuni e rinneghi il significato di ogni «uso e costume», proprio tu difendi il pranzo della domenica in famiglia e la celebrazione delle feste comandate? Ci ho molto riflettuto e sono giunto alla conclusione che c'è qualcosa di profondo dietro a quegli appuntamenti un po' démodé. C'è, ad esempio, il tentativo di combattere il senso di solitudine che caratterizza molte famiglie moderne, e che è uno dei tanti tributi che l'uomo paga alla modernità, all'evoluzione dei ruoli sessuali, al progresso, al benessere, alla civilizzazione. Oggi il modello sociale piú diffuso è la microfamiglia, formata da due individui intellettualmente ed economicamente indipendenti – persone con un forte vissuto, una professione, passioni, interessi e obiettivi propri – che decidono di condividere un progetto di vita. E di avere un figlio, al massimo due. Alla rassicurante comunità patriarcale di un tempo, quella a cui io sono affezionato e che ancora pratico, si è sostituita insomma una precaria microunità.

Nelle famiglie delle generazioni precedenti alla mia c'erano dai cinque ai dieci figli, e il riequilibrarsi reciproco di tanti caratteri diversi serviva a stemperare le inevitabili rivalità tra fratelli e gli odi familiari che si incrociano. E poi c'erano i genitori, verso i quali si nutriva un rispetto incondizionato. L'amore di mamma e papà non era mai messo in discussione: un marito e una moglie che spesso si erano scelti quasi per caso – complici un giro di ballo o uno sguardo fugace –, oppure per convenienza – cosí da essere in due a combattere la miseria –, erano comunque una coppia e lo erano per sempre. E se non si discuteva l'amore fra i genitori, ancor meno discutibile era l'autorità paterna. Nella famiglia di oggi, ridotta ai minimi termini di madre, padre e unico figlio, il rischio è che i rapporti di forza siano meno certi, cosí com'è incerto il destino stesso di un nucleo che è strutturato per variare nel tempo. A volte, ad esempio, succede che uno o entrambi i membri di una coppia portino nel loro nuovo nucleo familiare i figli nati da unioni precedenti: una integrazione non sempre facile, minacciata oltre che dall'incertezza anche dall'isolamento, e dal pericolo costante di esclusione.

Credo che l'odierna microfamiglia consenta a chi ne fa parte una maggiore libertà; la sensazione, però, è che non protegga dalla solitudine: mi sembrano soli gli uomini e sole le donne all'interno della coppia, mi sembrano soli i loro figli. Certo, anche nella famiglia patriarcale esisteva la solitudine, anzi, soprattutto per le donne, per le madri, l'isolamento poteva essere fortissimo, ma spesso era mitigato dai rapporti con gli altri membri della famiglia: le sorelle, i fratelli, le cognate, i cognati, le zie e gli zii. Insieme trovavano compagnia. I bambini poi, anche i rari figli unici, avevano nei cugini una grandissima risorsa di affetto profondo e di solidarietà. Provate a chiedere ai bambini di oggi chi sono i loro cugini: a stento li conoscono, e se anche da piccoli li frequentano, escono molto presto dai loro orizzonti. Eppure non è la solitudine, spettro della famiglia moderna, a doverci inquietare: quello che piú dobbiamo temere è il solipsismo. Che della solitudine è l'esasperazione: una condizione ancora piú difficile, piú chiusa, egoistica, limitante. Soli si può vivere, ma solipsisti no, a meno che non si voglia scivolare inevitabilmente verso l'autodistruzione. Non credo che l'antidoto al solipsismo sia il ritorno nostalgico al modello patriarcale; la sfida, adesso, consiste piuttosto nel cercare di capire quali nuove strade abbiamo a disposizione per ricreare intorno alla famiglia il clima di solidarietà pura che un tempo sembrava scritto, naturale e incontestabile, nei nostri legami di sangue.

C'è un'affermazione scomoda, forse impopolare, che io sento viva e positiva: penso che un buon antidoto alla solitudine dei ragazzi di oggi, una medicina contro l'isolamento dei nostri figli, sia un uso equilibrato di Internet. Sono profondamente e irresistibilmente affascinato dalle possibilità di siti, blog e social network in genere. Il web è uno strumento fantastico per ricreare quella rete di conoscenze, di dialogo e scambio, che la microfamiglia non può piú offrire ai nostri figli. Lo dico per esperienza.

Uno dei miei figli, Pietro, l'economista, vive a Chicago e soffre molto la lontananza dal clan. Eppure il fatto di poter chattare con i fratelli in ogni momento, scrivere loro con facilità e immediatezza, vederli e ascoltare la loro voce, lo fa sentire ancora parte di noi. In modo vivo e presente. Per non parlare poi dei miei nipoti. Attraverso Internet si sentono immediatamente inseriti in una comunità mondiale che è tutta per loro, a portata di mano. Una rete in cui condividere i problemi, le idee, i desideri, un particolare linguaggio, e persino identità alternative, proiezioni del sé. Trovano un luogo dove possono essere se stessi e, insieme, provare l'esperienza di essere ciò che vorrebbero: possono dare libero sfogo anche ai misteri intimi, alle pulsioni represse che, come ho detto, inevitabilmente esistono in seno alla famiglia. Pronti a esplodere.

Internet, è chiaro, non può sostituire il ruolo affettivo e formativo dei genitori; affermare il contrario sarebbe ingiusto e infedele. In una bella intervista Ferruccio De Bortoli ha ricordato che, nel suo significato semantico originario, la rete è una trappola per i pesci. Per navigare, è vero, non sempre è necessaria una rotta; ci vuole, però, almeno una bussola. Che, in questo particolare stile di navigazione, corrisponde alla coscienza individuale e alla propria capacità razionale, strumenti essenziali per non farsi ammaliare da ogni canto di sirena. E dunque, se ciò che conta è saper ragionare senza condizionamenti o paure, diventa indispensabile avere accesso alla cultura, salvaguardarla e poterla garantire. Per noi e per i nostri figli.

Con l'aiuto della cultura Internet da trappola diventa intreccio, di relazioni e di pensieri.

Mia madre non era una donna di cultura: era una persona semplice con un'istruzione essenziale che si fermava alla terza media, eppure mi ha trasmesso una insaziabile curiosità e un profondo amore per il sapere che non mi hanno mai abbandonato. È stata lei a volere che io e i miei fratelli studiassimo, anche a costo di grandi sacrifici.

Dopo la morte di nostro padre, la soluzione piú semplice sarebbe stata che noi figli maschi ci fossimo messi a lavorare la terra, cosí da poter restare nella nostra amata cascina. Invece abbiamo abbandonato la casa e la campagna, e con i nostri pochissimi risparmi ci siamo trasferiti in un piccolo appartamento di città, a Milano. «Studiate, ragazzi, studiate, che è la cosa piú importante», diceva sempre mia madre ai miei fratelli. E nonostante fossi un monello che amava la strada piú che la scuola, bocciato ben due volte al ginnasio, lo diceva anche a me.

Mamma Erminia non aveva avuto la possibilità di studiare, ma era cresciuta con un grande desiderio di conoscere e sapere. Grazie al suo modo attento di ascoltare e al suo sguardo acuto, aveva coltivato e messo in pratica con amore un bagaglio di valori fortissimi. La libertà di pensiero, la tolleranza e la solidarietà sono principî che non ho imparato a scuola: me li ha insegnati lei.

Mia madre era molto religiosa, cattolica nelle opere e nei pensieri. Alcuni dei momenti condivisi che ricordo con maggior tenerezza sono quelli in cui le stavamo accanto mentre lei recitava per noi il rosario. Pregava spesso, non perdeva una messa e la domenica mi portava con sé perché facessi il chierichetto. Possedeva quel genere di fede assoluta e indistruttibile che si riceve in dono dalla campagna, una fede tanto interiore da essere parte di chi la possiede al pari di una gamba o un braccio. Ricordo che quando, qualche tempo dopo il nostro trasferimento in città, ho sentito per la prima volta il morso del dubbio e il bisogno di approfondire il mio sapere in direzioni che mi portavano lontanissimo dalle certezze di mia madre, lei mi ha guardato serena e ha detto: «Se tu la pensi cosí, fai pure. L'importante è che ragioni con la tua testa, anche se io sono convinta che sbagli».

In quel momento è cominciata la mia ribellione al culto e a tutti i suoi feticci: l'acqua santa, il corpo e il sangue di Cristo che si devono mangiare e bere, l'adorazione delle immaginette sacre e delle reliquie. La mia razionalità non accettava di attribuire a questi rituali un significato metafisico. A non convincermi era soprattutto la dottrina dell'indulgenza. I preti ci insegnavano che le preghiere e le visite ai santuari, se fatte in un determinato periodo dell'anno, davano diritto a una specie di bonus che valeva fino a 100 000 anni di Purgatorio in meno. Ma perché 100 000 e non 200 000? mi chiedevo. Per quanto tempo la mia anima dovrà restare in Purgatorio prima di poter andare in Paradiso? Un milione, dieci, cento milioni di anni? Ma come si conta il tempo dell'anima, in anni, mesi, giorni, ore? Si conta come sulla Terra? Dubbi, dubbi e ancora dubbi. Mi assalivano sempre piú spesso e sempre piú numerosi.

Per questo ho iniziato a studiare le religioni e la loro storia: per trovare un perché che la mia razionalità potesse accettare. Lo sto ancora cercando.

Ho studiato l'induismo, il buddismo, ho letto i Rig Veda, i testi della Tripitaka, di Siddharta. Poi Lao Tsu e il taoismo, Confucio e ancora, profondamente, la Bibbia, i Vangeli e il Corano. Ho scoperto come le religioni non siano altro che le proiezioni dei bisogni, delle paure e delle condizioni sociali di un popolo in un determinato momento storico. Già nel VI secolo avanti Cristo, Senofonte diceva che se i coccodrilli avessero potuto sceglier-si un loro dio, sarebbe stato un grande coccodrillo, e non ci sarebbe stato niente di strano se avesse imposto loro di mangiare gli uomini.

Leggendo ancora e ancora, ho verificato con sgomento quanti massacri terribili sono stati compiuti in nome di un dio. A partire dai maya che decapitavano uomini e donne convinti che quei sacrifici li avrebbero avvicinati al Dio Serpente, ai civilissimi greci che uccidevano i proprio figli per lavarsi dalla *hýbris* ed evitare che gli dèi potessero invidiare la loro saggezza e i loro successi, fino ai cristiani, che con le loro crociate sterminavano interi popoli e torturavano e condannavano al rogo uomini e donne durante l'Inquisizione. Studiavo e scoprivo l'orrore, e piú ero turbato, piú mi rendevo conto che niente di tutto questo aveva a che fare con la religione profondamente umana professata da mia madre.

Lei non era capace di odiare. Ed è il credo piú indelebile che mamma Erminia mi ha lasciato.

Sono diventato un uomo che non sa odiare. Lottare sí, competere anche, ma odiare mai. Di fronte alle ferite e al dolore che mia madre ha subito in novantadue anni di vita, il suo cruccio è sempre stato quello di comprenderne le ragioni. Capire sempre perché si soffre, come se il male in sé, nella sua gratuita assolutezza, non esistesse, e ogni atteggiamento aggressivo nascondesse una giustificazione. «Se una persona ti è ostile, vuol dire che qualcosa o qualcuno, forse io o forse tu, l'ha messo in questa situazione»: cosí diceva e cosí credeva, profondamente.

Proprio da questa ricerca ininterrotta di un perché è nata la mia filosofia del male. Lottare contro il male, per me, significa cercarne le cause, cosí da poterle eliminare una a una, procedendo a ritroso nella catena degli eventi che portano al conflitto, al dramma, alla tragedia.

Prima di me, molti filosofi e pensatori hanno espresso questo concetto in modo piú articolato e profondo. Sant'Agostino, ad esempio, definisce il male come «privatio boni», assenza di bene. È un principio, questo, che può essere esteso fino a diventare un modo di vivere: il mio modo di vivere. Un principio che ha fatto della mia esistenza una ricerca continua. Ho cercato di capire (e ci provo ancora oggi) quali siano le ragioni che spingono l'uomo a pregare un dio, quale il movente della follia umana, i perché della guerra e dei genocidi, del dolore fisico e psicologico che fa parte della malattia. E perché il cancro sia una malattia crudele.

Molte donne importanti della mia vita mi hanno chiesto – alcune me lo hanno rimproverato – se questo mio tentativo di spiegare ogni cosa, questo bisogno incessante di razionalizzare e di sgombrare il campo dalle emozioni, non abbia fatto di me una persona cinica, distante anni luce da quella figura materna dolcissima che mi aveva insegnato, prima di tutto e sopra tutto, ad amare incondizionatamente. Me lo sono chiesto anch'io, non senza un po' di timore, ma oggi sento di poter dire con convinzione che la ragione non uccide il sentimento, e non può scalfire l'intensità delle emozioni che fanno piangere di gioia o di dolore.

Nella mia vita ho amato moltissimo, con passione e in profondità. Ho sofferto anche moltissimo, intensamente e disperatamente. Le donne sono state le registe del mio amore e del mio dolore, ma gli attori del dramma sono stati i pazienti, i maestri, gli amici e poi i miei figli, i miei nipoti, i colleghi di vita e di lavoro. Anno dopo anno ho capito che la lama della razionalità taglia via come rami secchi quelle emozioni che rispondono a una suggestione puerile alla quale piacerebbe non rinunciare mai, ma ho anche capito che quella stessa lama non sfiora la nostra linfa, il bisogno di solidarietà: la capacità di empatia, compassione e amore che è parte del nostro Dna.

Io non mi esalto quando vince una squadra di calcio e non mi commuovo facilmente davanti alle scene lacrimevoli di un film. Ma posso piangere, a lungo, leggendo due parole su un referto che confermano che la malattia di una mia paziente è grave, troppo grave; e posso sentire la gioia esplodere dentro di me e udire la mia voce che dice «grazie» (non so bene a chi), quando altre due parole mi dicono invece che la malattia non c'è piú.

Il valore della solidarietà che mi ha trasmesso mia madre, il desiderio sincero di veder vivere gli altri uomini in condizioni di benessere e l'istinto di proteggerli, non mi hanno mai abbandonato neppure nei momenti in cui la ragione ha scavato in me le crepe piú profonde. Dopotutto è per questo che ho scelto di fare il medico e di provare a curare una patologia che cinquant'anni fa, quando ho iniziato, equivaleva a una condanna a morte. Parlavo con i miei pazienti e nei loro occhi leggevo la sofferenza, l'inquietudine e le incertezze dell'umanità intera. Spesso chi era malato si affidava a me come un bambino si affida alla madre, o mi si consegnava come se i miei strumenti possedessero un'anima e avessero il potere sciamanico di cacciare dai loro corpi lo spirito maligno che li abitava. La siringa che si avvicina alla vena può avere improvvisamente un'anima, il farmaco che si deve bere o inghiottire diventa una pozione magica.

Come medico so che non si possono curare i malati senza amarli di un amore «materno», con un affetto che capisce e perdona le regressioni che la malattia può provocare negli uomini e che combatte non solo la malattia nel corpo, ma anche quella che si annida nella mente. Si è molto parlato del tramonto della «medicina paternalistica» che decide per il paziente in modo autoritario e senza consultarlo, e io sono un testimone e sostenitore di questo passaggio epocale. Credo fermamente che al malato debba essere riconosciuto il diritto all'autodeterminazione, e che il paziente si debba difendere con l'espressione della sua cosciente volontà da una medicina tanto tecnologicamente avanzata quanto invasiva. Eppure, guai ad abbandonare l'aspetto «materno» della medicina, inteso come la componente affettiva del rapporto medico-paziente.

L'ho capito subito, quando ero ancora un giovane medico. Una volta all'tumori, mentre facevo il giro tra i letti del reparto con altri assistenti, una donna mi disse: «Dottore, il sole è doppio». Non capii cosa significasse quella frase, che fra le altre richieste dei pazienti suonava un po' strana, e per prima cosa chiesi ai colleghi se la paziente avesse qualche disturbo di vista. Scossero la testa, si strinsero nelle spalle e passarono oltre. Io sentii l'istinto di fermarmi, mi sedetti su una sedia accanto al letto della donna e le chiesi di provare a spiegarsi. Lei mi indicò l'ampia finestra e la guardò in un modo che non dimenticherò mai. Non era difficile: era estate e il sole splendeva, e per lei splendeva il doppio perché la luce, in quelle giornate che non finivano mai, la infastidiva moltissimo. Un fastidio intimo e uno concreto. Desiderava semplicemente che venisse abbassata un poco la tapparella. Imparai cosí che la malattia può cambiare la percezione delle cose e il modo di esprimersi, che ci sono dettagli che raddoppiano la sofferenza e altri che la possono dimezzare, e che solo un'attenzione amorevole ce li fa riconoscere.

Non esiste, secondo me, medicina senza solidarietà, né medicina senza amore. E proprio per questa sua profonda aspirazione alla solidarietà, io vedo la professione medica come una missione. Una missione con un grande spessore etico. Il medico, e piú in generale lo scienziato, dovrebbe possedere un forte senso della giustizia sociale e non conoscere nessuna forma di intolleranza, né razziale né di altro genere.

Tutto ciò mi era chiaro fin da piccolo e credo che anche questa sicurezza provenga da mia madre e dai suoi insegnamenti.

Quando ero ancora un ragazzo, a diciotto anni, mi sono trovato a prendere parte a una guerra di cui non capivo il significato, vestito di una divisa della quale non avvertivo la necessità. Si stava combattendo la Seconda guerra mondiale, e i delitti e gli eccidi perpetrati in quel periodo sono tragicamente noti. È stato allora che per la prima volta ho sentito in modo chiaro che mi era del tutto estraneo il concetto esasperato di identità nazionale e di razza che volevano inculcarci. Poi, mano a mano che la mia vita si avvicinava sempre piú al mondo della scienza, ne ho assorbito i principî di universalità e obiettività che contrastano con l'idea di una differenza reale tra popoli. E ho sempre proseguito per questa strada.

Stando a quanto confermano i piú recenti studi di genetica delle popolazioni, in particolare quelli dell'amico Luca Cavalli Sforza, si può ormai dire che dal punto di vista scientifico la razza non esiste. Tuttavia il razzismo è ancora un fenomeno universale. Bisogna imparare a evitarlo, come si impara a non rubare e non uccidere. Gli studi di Cavalli Sforza provano che l'uomo appartiene a un'unica specie (*Homo sapiens*), suddivisa in un numero imprecisabile di popolazioni, che possono essere diverse nel colore della pelle o nei tratti del viso, ma sono per altri aspetti molto simili dal punto di vista genetico. Il colore della pelle è il risultato dell'interazione con la luce solare nei millenni. Dove il sole è molto forte può vivere solo chi ha la pelle scura, mentre allontanandosi dall'Equatore, la pelle, meno esposta al sole, diventa progressivamente piú chiara. La luce solare attiva la vitamina D, essenziale per lo sviluppo osseo. Per questo solo i «bianchi», il cui organismo si è adattato, sopravvivono lontani dal sole senza morire di rachitismo. Spesso le differenze piú significative si riscontrano fra individui che appartengono alla stessa popolazione. Per la nostra specie, quindi, il concetto di razza è semplicemente inapplicabile.

Mamma Erminia non sapeva tutte queste cose. Non sapeva cosa fosse un gene o perché la sua pelle fosse chiara, eppure la sua tolleranza, la sua esigenza di solidarietà, l'innato senso di giustizia e di amore per tutti gli uomini «di buona volontà» che si portava dentro, non erano per questo meno forti. Nata e cresciuta nella campagna lombarda, per tutta la vita non ha parlato o ascoltato altra lingua che il milanese, eppure non l'ho mai vista assumere un atteggiamento ostile, neppure sospettoso, verso uno «straniero». Mai un gesto di rifiuto.

L'ho vista anzi sorridere perfino ai tedeschi. E quel sorriso è stato «la sua rivincita sulle speranze deluse, sulla grossolanità degli uomini, sulla rarità, in questo mondo, di cose belle e vere».

Caccia alle streghe

Era bellissima e non lo sapeva. Come accadeva spesso alle donne di campagna cinquant'anni anni fa. Possedeva quella bellezza autentica che sa fare a meno del vezzo e della malizia, che non conosce la sfrontatezza e poco si specchia nell'ammirazione ostentata degli uomini o nell'invidia segreta delle donne.

Era venuta da me, mi disse presentandosi, perché aveva saputo che ero anch'io un «ragazzo di cascina», e questo per lei contava molto.

Avevo appena iniziato a lavorare all'Istituto nazionale tumori di Milano, erano gli anni Cinquanta, e all'epoca la figura del medico, soprattutto dello specialista, era circondata da un'aura che suscitava deferenza e una sorta di timore. Si usavano ancora parole difficili, dal significato minaccioso, che i medici lasciavano cadere pesanti dall'alto della loro professionalità sui pazienti e i loro familiari, facendoli sentire inadeguati. È una tecnica: scegliere e dosare i termini per mettere distanza tra sé e il malato, oppure per nascondergli la verità. Alcuni medici la usano ancora oggi.

Raramente, in quegli anni, le pazienti si presentavano alla visita con i mariti, che sembravano intimoriti dalla malattia – o anche soltanto dall'idea della malattia – molto piú delle loro compagne. Quasi tutte, però, arrivavano insieme alle madri, le suocere, le sorelle, le amiche. Venivano in compagnia perché avevano bisogno di conforto e di una mano da stringere, e anche perché interpretare le parole del medico sarebbe stato piú semplice in due. Lei decise che voleva farsi visitare da un medico nato nella sua terra. Di me le avevano detto che ero giovane e parlavo chiaro, cosí era venuta da sola. Portava un vestito scuro, anonimo, che però non nascondeva nulla di lei.

La presenza femminile mi ha sempre fatto sentire in pace con me stesso, ma ricordo che in quella circostanza desideravo che se ne andasse da quella stanza squallidissima (studio medico è un'espressione troppo generosa per il mio ambulatorio di allora), prima di infrangere quella pace con la crudeltà della malattia che le dovevo diagnosticare.

E invece proprio lí e proprio a me toccò dirle, con le parole piú chiare e meno dolorose che riuscii a trovare, che aveva un cancro al seno.

Accolse la notizia senza un fremito, immobile e impassibile, come se le avessi solo ripetuto qualcosa che sapeva da tempo. Mi chiese semplicemente cosa doveva fare, e io le prospettai la mastectomia totale: avrei dovuto asportarle la mammella. Anche a queste parole – una coltellata nella psiche femminile – reagí guardandomi fisso negli occhi con decisa rassegnazione. Nient'altro. Questa volta ero io che non capivo.

Lei colse il mio imbarazzo e ruppe il silenzio. Voleva spiegarmi.

– Vede, dottore, questa malattia ha colpito il mio seno per i miei peccati di sesso. Mi ha procurato troppo piacere sotto le carezze degli uomini. Ora Dio con il cancro me lo porta via, cosí non peccherò piú. Anzi, insieme a questo mio seno, se ne andrà via da me anche il desiderio di altre carezze e altri baci, quel desiderio che mi ha fatto cadere tante volte in tentazione, e sarò infine libera da questa maledizione. Se poi non basterà e dovrò morire...

Mi disse tutto questo con un'espressione difficile da descrivere: un sorriso serafico, come quello dei martiri nelle pitture rinascimentali, l'immagine di un dolore immenso; accettato, accolto, ma non per questo meno crudo.

Per me, che avrei voluto a tutti i costi salvare il suo corpo adesso e non nell'aldilà, che avrei voluto restituirle quella salute e quella vitalità che sembravano appartenerle di diritto, e che la sua bellezza prorompente esprimeva appieno, questa reazione era incomprensibile.

– Ma che dice? Il suo Dio è il Dio di mia madre ed è buono e non può desiderare che lei soffra, né che lei muoia. Dio Padre ama le sue creature, non le punisce e non si vendica. Lei è ancora giovane e bellissima. È un bene che la chirurgia non la spaventi, ma deve lottare: contro la sua malattia e per la sua vita.

Mi pentii quasi subito di ciò che avevo detto. Capii che quello era il suo modo di proteggersi: stava affrontando un dolore ingiusto, impossibile da spiegarsi, e allora l'unico modo di difendersene era cercare di sublimarlo. In seguito l'avrei visto fare a tanti altri credenti.

Nella ricerca di un significato, aveva scelto quello piú alto: aveva trasformato il suo tumore in un lasciapassare per la salvezza dell'anima. Pur di contrastare il dolore, fronteggiare qualcosa che era insieme incomprensibile e ineluttabile, si era rifugiata nel retaggio della società integralista cattolica in cui era nata, quella che vedeva in Dio un Padre autoritario anziché amorevole, detentore di un potere al quale sottomettersi docilmente e in cui soffocare i propri dubbi.

Non riuscire a trovare una ragione all'idea di doversi sottoporre a una mutilazione crudele e apparentemente inutile (un tumore di questo tipo non provoca dolore, e asportare il seno sembra assurdo), era per lei molto piú angosciante che accettare la presenza di un Dio vendicatore, che in questa vita la puniva, ma in un'altra l'avrebbe salvata e portata con sé in Paradiso.

Dopo quell'incontro mi sono chiesto spesso se la fede sia davvero un sostegno per le donne. E se parliamo del rapporto con la malattia, o piú in generale con la sofferenza, oggi sono convinto che la risposta è no. L'idea con cui si consolava la mia bella paziente, il concetto di un dolore catartico attraverso cui espiare i propri peccati, è ormai al tramonto e la stessa Chiesa cattolica non lo promuove piú. Già cinquant'anni fa, quando negli ospedali l'assistenza ai pazienti era per lo piú in mano alle suore, all'Istituto nazionale tumori l'insostituibile suor Luigina faticava ad accettare che i suoi malati soffrissero senza un perché. Con il suo senso pratico dell'amor divino, e i suoi ampi abiti bianchi, scivolava veloce da una corsia all'altra e dispensava tutti gli antidolorifici che aveva a disposizione. Oggi, grazie ai progressi della ricerca e alla presenza di farmaci nuovi e piú efficaci, per la Chiesa operante la lotta al dolore è diventata un impegno vero e proprio.

Ma mi sento di osare ancora un po' di piú: la fede non aiuta neppure nel confronto con l'idea della morte, né nel momento della morte stessa. La mia esperienza medica mi ha insegnato che muore piú serenamente colui che non crede, donna o uomo che sia. Nell'istante in cui il non credente prende coscienza che è giunto il tempo di andarsene, chiede solo di non soffrire: non si aspetta nulla, e soprattutto non teme nulla per ciò che verrà dopo. Semplicemente, per lui, non esiste nessun dopo. Non dobbiamo avere paura della morte perché se c'è lei non ci siamo piú noi, diceva

Epicuro. Il credente, invece, è costretto a confrontarsi fino all'ultimo con il dubbio angosciante di non aver vissuto rettamente, di non essersi guadagnato un aldilà dignitoso, ed è assalito dai rimpianti o dai rimorsi: al dramma della morte si somma il dramma del senso di colpa.

Ma il luogo in cui la fede non riesce in alcun modo a essere di sostegno per la vita di una donna (in particolare quando la vita è nella sua pienezza) è il luogo del peccato. Sono tante le religioni in cui il piacere sessuale è il peccato femminile per eccellenza: la comunione dei corpi, la passione fisica sono il peccato delle donne. Ciò che le maggiori religioni monoteiste esprimono in questo modo, è una grande paura nei confronti del corpo femminile e del suo straordinario potere sul maschio. Per limitare questo potere, soprattutto questo assoggettamento, hanno decretato che il sesso è un atto d'amore soltanto se ha come fine il concepimento di un figlio, e soltanto se si fa con un solo uomo. Tutte le altre sue forme sono state bollate con il marchio dell'infamia: sono il peccato.

Anche i greci avevano ben chiaro il potere del corpo femminile; «sedurre» e «distruggere» erano due diversi significati di una stessa parola, *phtheirein*. Nella mitologia greca, la guerra e le discordie hanno spesso origine dal rapimento o dal sacrificio di una donna giovane e bellissima. Come ricorda Roberto Calasso nelle *Nozze di Cadmo e Armonia*, «Da questi eventi è nata la storia: il ratto di Elena e la guerra di Troia, come anche, prima ancora, la spedizione della nave *Argo* e il ratto di Medea sono anelli della stessa catena. Un richiamo oscillava fra l'Asia e l'Europa: a ogni oscillazione una donna, e con lei una schiera di predatori, passava da una riva all'altra. [...] Europa, Argiope, Pasifae, Arianna, Fedra. Questi nomi ci parlano di un volto largo, purissimo, splendente, che rischiara da lontano, che rischiara tutti, come la luna».

Per limitare il rischio di crimini e sventure causati dalla bellezza femminile, il cristianesimo ha trovato una sua particolare soluzione: eliminare – o per lo meno ridurre al minimo – le figure femminili dalla propria cosmogonia. Nei Vangeli, Maria compare raramente e ha, comunque, un ruolo di secondo piano. È citata qualche volta nel Vangelo di Luca e in pochi versetti dei Vangeli di Matteo e Marco. Non compare del tutto nelle Lettere apostoliche mentre negli Atti degli Apostoli è ricordata due sole volte. Secondo i Vangeli sinottici (Luca, Marco, Matteo), la Maddalena aveva pregato sotto la croce, e c'erano forse anche Maria di Betania e Salomè, madre di Giacomo e Giovanni. Nessuna traccia però di Maria. Il culto della Madonna nasce successivamente, a cavallo fra il III e il IV secolo dopo Cristo, per due ragioni, una di ordine storico e una di ordine teologico. Quando il consiglio di Nicea dichiarò definitivamente la natura divina di Gesú, i teologi della Chiesa si trovarono di fronte a un dilemma imbarazzante: trovare una spiegazione al fatto che il figlio di Dio fosse nato da una donna comune e semplice come Maria di Nazareth. Cominciò allora un processo di divinizzazione che culminò nel 1964, quando Paolo VI la nominò «Mater Ecclesiae», madre (cioè al vertice) della Chiesa stessa. Un «titolo» che comunque non ha permesso alle donne di accedere alle gerarchie ecclesiastiche, e infatti ancora oggi sono escluse dal sacerdozio.

Dal punto di vista storico va poi ricordato che il cristianesimo del IV secolo, riconosciuto da Costantino come religione di stato, doveva rappresentare tutta la popolazione dell'Impero romano, che fino ad allora era stata in gran parte pagana. Bisognava creare una divinità femminile da affiancare al Dio Padre, che sostituisse la figura della Dea Madre, molto forte nella mitologia greca e latina e nelle religioni orientali dell'Impero. Ma attribuire a Maria il ruolo di divinità non era sufficiente: si poneva adesso il problema spinoso del peccato. Come poteva il figlio di Dio nascere da quell'atto sessuale che rappresentava il peggiore peccato che una donna potesse commettere?

È cosí che nasce nel primo millennio il mito della verginità di Maria, peraltro anticipato nel Vangelo di Matteo (1:18-24), che cita Isaia (7:14): «la vergine concepirà e darà alla luce un figlio». Nel 553 il Concilio ecumenico di Costantinopoli decreta ufficialmente la perpetua verginità di Maria, che diventa dogma con il Concilio lateranense del 649. Chi professa la religione cristiana cattolica crede nella «sempre vergine Maria», crede cioè che Maria di Nazareth è Madre di Dio e che fu vergine prima del parto, ma anche durante e dopo il parto. Decretando il dogma della verginità e l'ammissione della donna nella religione cristiana solo in quanto madre, il cristianesimo sembra riallacciarsi in qualche modo al filo rosso che lo lega alla religione ebraica, secondo la quale la maternità sarebbe l'espressione massima della dignità femminile.

È sorprendente come il dramma della sterilità sia rappresentato nell'Antico Testamento in alcune figure femminili indimenticabili: Sara, moglie di Abramo, che accetta senza esitazione di cedere il suo posto nel letto del marito alla serva Agar, pur di dargli un figlio; Rachele, la moglie che Giacobbe, suo malgrado, amava piú delle altre mogli che gli avevano dato subito una prole.

In realtà le antiche scritture sono piene di personaggi femminili estremamente forti, spesso eroici, come la regina Ester o la virtuosa Ruth o Giuditta che decapita Oloferne. La donna, nella tradizione biblica, ha un ruolo importante:

è lei che gestisce gli affari e amministra i patrimoni, ed è da lei che dipende il benessere della famiglia. Soprattutto, non grava sulle figure femminili della Bibbia quel concetto repressivo del sesso – quasi una vera e propria sessuofobia – che il cristianesimo ha sviluppato nel corso della sua storia. Nella Bibbia la maternità è fondamentale, ma il sesso non è uno sporco peccato e la castità non ha alcun valore in sé. Non c'è alcun bisogno di tenere in disparte la donna e non c'è alcuna ragione di temerla.

L'ebraismo ortodosso propone un'immagine femminile meno positiva, dove la donna è esclusa dalla ritualità della sinagoga ed è ammessa a presenziare alle funzioni solo dal gineceo. Ma la donna ebrea è colei che gestisce la ritualità religiosa della casa, e per lei la conoscenza resta il piú alto dei valori e una parte irrinunciabile del suo ruolo di madre si esprime nell'incoraggiare e sostenere i propri figli nello studio.

Allontanate dalla mistica, ma libere nella vita, le donne ebree sono state le protagoniste della storia del loro popolo. Si è detto che l'ebraismo è una religione «biofila», che ama e difende la vita. E l'albero della vita, non c'è dubbio, cresce solo se coltivato dalla donna.

Il modo in cui la donna si prende cura dell'albero della vita io lo conosco bene, perché mia moglie è ebrea, sopravvissuta ai campi di concentramento; dentro di lei è rimasta una ferita insanabile di cui non ha mai voluto parlare con nessuno. Racconta raramente, e se lo fa ricorda soltanto pochi sprazzi di luce, come il giorno in cui, nell'orrore di un luogo dove aspettare la morte sembrava l'unica possibilità di fuga, sua madre le disse che delle due rape che rappresentavano il loro pasto quotidiano, una avrebbe dovuto regalarla: c'era una donna che insegnava il francese, e chissà, forse in cambio di cibo avrebbe accettato di farle studiare quella bellissima lingua. Tormentata dalla fame e dal freddo, mia moglie cedette controvoglia metà del suo pasto all'insegnante, chiedendosi a cosa mai potesse servire qualche parola di francese in una camera a gas. Scoprí invece che studiare insieme alla compagna di stanza la aiutava a distrarsi dalla disperazione quotidiana, e a sperare che anche per lei ci fosse un futuro, una vita, fuori di lí.

Per un caso fortunato legato alle sue origini turche, mia moglie fu una delle poche donne ebree che riuscirono a salvarsi con tutta la famiglia. Il suo attaccamento alla vita, da allora, è stato fortissimo: l'ha sempre difesa e cercata, ha voluto tanti figli, e soprattutto una figlia femmina.

Dopo la nascita del nostro primo bimbo, un maschio, per qualche tempo ci siamo detti che ci saremmo fermati lí. Pur essendo cresciuto in una specie di clan che, come ho raccontato, adoravo, ero comunque convinto che un equilibrio a tre, madre-padre-figlio, potesse essere perfetto: una triade d'amore in cui non sarebbero esistite ingiustizie, preferenze, rivalità o vuoti affettivi. Pensavo anche che fosse piú adatto un figlio unico a una coppia come la nostra, visto che eravamo entrambi impegnati in un lavoro duro: io oncologo e lei pediatra. Non potrò mai sapere come sarebbe stato, perché mia moglie mi ha convinto che dovevamo assolutamente avere una femmina. E cosí dopo il secondo maschio, dopo il terzo e il quarto, quando finalmente arrivò la prima figlia, la nostra tribú era ormai cosí estesa e gioiosa che decidemmo di allargarla ancora. Com'è facile immaginare, sia io sia mia moglie abbiamo voluto con forza, quasi ossessivamente, che ognuno dei nostri figli studiasse, e soprattutto che imparasse a considerare lo studio come una forma di arricchimento e di maturazione personale.

Oggi sono fiero di dire che i miei figli, ognuno con un percorso diverso, hanno interiorizzato l'amore per il pensiero e soprattutto per la libertà di pensiero. Per nessuno di loro abbiamo voluto il battesimo, e se da bambini si sono forse trovati un po' a disagio perché erano esclusi da comunioni e cresime o dai Bar Mitzvah, crescendo ci sono stati grati di aver stimolato in loro la ricerca di una ragione che spiegasse questa scelta controcorrente. Una ricerca che li ha obbligati molto presto, prima di tanti altri, a interrogarsi sul significato della religiosità e della fede, o meglio delle fedi. A casa nostra infatti, quando si discute di religione, lo si fa sempre al plurale: nonostante la crisi di giovinezza che mi allontanò dalla Chiesa, lo studio delle religioni non smette di appassionarmi.

Come medico, ho avuto pazienti di ogni fede, e di nessuna fede. Per alcuni di loro il credo religioso ha inciso non solo sull'atteggiamento nei confronti della malattia e sull'adesione alla cura, ma anche sulle scelte terapeutiche. Ad esempio i Testimoni di Geova non possono per ragioni di fede accettare le trasfusioni di sangue, neppure quando sono in pericolo di vita.

Mi sono trovato nella situazione di dover convincere, prima di un intervento, un paziente «Testimone» che l'eventualità di una trasfusione doveva essere considerata anche se io avrei cercato di evitarla in ogni modo. Ricordo che mi disse: «No, la prego, professore, per me sarebbe peggio della morte». Questo fu un dilemma che mi accompagnò a lungo perché si trattava di andare contro la mia missione di medico, quella di salvare la vita di un malato a ogni costo, e contro la mia coscienza, che non riusciva a concepire come una fede potesse indurre un uomo all'autoannullamento. Tuttavia decisi, in questo e negli altri casi analoghi che mi si sono presentati, di rispettare la volontà della persona, quando espressa in piena consapevolezza, con lucidità e fermezza, e oltretutto con il sostegno convinto e partecipato di tutti i familiari. È giusto cosí, mi dissi, nessuno può imporre un trattamento a un malato, contro la sua volontà, qualunque essa sia; andare contro la volontà liberamente espressa di un malato sarebbe una forma di violenza. Per fortuna la necessità di una trasfusione in quel caso non si presentò e io non persi il mio paziente. Tuttavia l'episodio ha segnato profondamente le mie riflessioni sul rapporto fra la capacità della medicina di salvare e il desiderio personale di essere salvati, sul dovere di curare e la libertà di essere curati, riflessioni che nel tempo si sono spinte molto piú in là, fino a indurmi a essere un paladino del Consenso informato alla cura prima, e un sostenitore del Testamento biologico poi. Il principio per cui mi sono battuto è lo stesso: la volontà della persona espressa in coscienza e libertà è il valore che deve comunque essere rispettato nelle scelte mediche.

Negli ultimi anni mi è capitato sempre piú spesso di curare donne islamiche.

Hanno iniziato a venire a farsi operare da me, all'Istituto europeo di oncologia, dopo che ho ricevuto nel 2002 in Arabia Saudita il premio King Faisal per i miei studi sulla chirurgia conservativa del seno. Per il mondo islamico, infatti, quel riconoscimento è una specie di Nobel.

Va detto che le donne che arrivano a Milano appartengono a famiglie benestanti, che si possono permettere un viaggio e un soggiorno tutt'altro che economici, e probabilmente non rappresentano il prototipo della donna musulmana. Alcune di loro sono nobili, arrivano sempre accompagnate da un gran seguito che si preoccupa che durante la cura la paziente possa seguire le regole dettate dal Corano. Si accertano che l'ospedale provveda a un'alimentazione senza carne di maiale e che siano completamente banditi gli alcolici. Anche nel momento della visita sono sempre accompagnate da qualcuno, in genere un'altra donna, e non restano mai, per nessuna ragione, a tu per tu con il medico, con il quale non è previsto un dialogo diretto.

Del resto il rapporto medico-paziente, su cui noi tanto ci impegniamo in Occidente, è per loro assolutamente marginale e il perché me l'ha spiegato con poche parole una giovane paziente araba nel momento delle presentazioni: «Tu, professore, sei la mano di Allah. Se Lui vorrà io guarirò, se non vorrà soffrirò e forse morirò». Mi sono chiesto allora, perché mai questa donna si sottoponeva a un viaggio e un ricovero pieni di disagi, per la differenza di lingua e di mentalità, per poi affidarsi a un diverso «strumento» della comunque imperscrutabile volontà divina. Credo di averne trovato la motivazione osservando i gesti e il modo di porsi suo e delle altre pazienti e andando a studiare gli stili di vita femminili nell'islam. Le musulmane di oggi hanno una fede incrollabile, com'era la fede cristiana nel 1300; tuttavia coltivano anche il culto del proprio corpo, pur non potendolo esibire. La loro vita erotica è molto intensa e l'integrità della propria immagine fisica è un valore importante. Il motivo del viaggio in Italia è dunque quello di essere operate dal chirurgo che, come hanno confermato i loro medici dandomi un premio, ha avuto la maggior attenzione al corpo femminile nel trattamento del tumore del seno.

Per molti di noi occidentali, la donna islamica rappresenta l'icona della sottomissione e della discriminazione fra i sessi. Eppure, leggendo il Corano, si scopre che l'islam non è una religione misogina in sé: «Io non permetto che il bene, da chiunque di voi, maschio o femmina, sia fatto, vada perduto. Tutti voi siete uguali», recita il testo sacro (III, 195). L'islam riconosce quindi nella sua essenza la parità tra uomo e donna, e assegna al femminile un posto fondamentale nell'armonia dell'universo. Nell'applicazione di questi principî, tuttavia, molti passi del Corano riservano innegabilmente all'uomo una preferenza: «gli uomini sono un gradino piú in alto delle donne» (II, 228).

In sostanza, secondo me, l'islam non è piú maschilista delle altre religioni monoteiste, ma è certo piú rigido nel definire i ruoli, e lo è per un motivo ben preciso: mentre gli ebrei e i cristiani credono che la Bibbia sia stata scritta dall'uomo – sebbene ispirato da Dio –, per i musulmani il Corano è la parola stessa di Dio, scritta da Maometto sotto dettatura di Allah. Non esiste quindi esegesi, né discussione o interpretazione teologica. Per questo l'islam, ancora piú del cristianesimo, si sente depositario della Verità assoluta e si sente legittimato, anzi obbligato, a imporla agli altri uomini.

Davanti a una verità cosí totalizzante, all'essere umano non resta che una strada percorribile: la sottomissione, che è poi il significato letterale della parola «islam». Quando i musulmani si inginocchiano verso la Mecca e pregano, cercano un legame trascendente con il loro Dio: la preghiera è un atto di sottomissione, di abbandono totale alla volontà divina. Nessun musulmano pregherebbe perché il figlio, un po' fannullone, passi ugualmente l'esame, né mai aspergerebbe un campo da calcio di acqua benedetta per garantirsi la vittoria della squadra del cuore. Nessun musulmano adora immaginette di carta o statue che piangono, perché Dio è puro Spirito e dunque non è rappresentabile a immagine e somiglianza di un essere umano. L'islam è una religione evoluta intellettualmente, ma porta in sé il germe del fondamentalismo proprio perché ha pochi legami con il Terreno e con l'evolversi della storia.

Secondo i musulmani, poi, Allah avrebbe dettato a Maometto non solo i principî della fede, ma anche un sistema di applicazione di questi principî: leggi rigidissime, che sono frutto degli eventi e della visione del mondo che caratterizzavano il tempo in cui il Corano è stato scritto.

Prendiamo ad esempio la liceità della poligamia, che per il mondo occidentale è una forma di maschilismo, di scarso rispetto per il sesso femminile o di mollezza di costumi. La nostra è un'idea sbagliata: la possibilità per l'uomo di avere piú mogli è stata introdotta subito dopo la battaglia di Badr, dove moltissimi uomini furono massacrati. I pochi sopravvissuti furono chiamati a prendersi cura delle vedove e soprattutto degli orfani. La pietà per gli orfani ricorre spesso e con forza nei versi del Corano: l'uomo doveva prendere piú mogli, per farsi carico e garantire cibo e sostegno al maggior numero possibile di bambini senza padre. Scoprirlo è sorprendente, ma la realtà è che la poligamia, nei suoi intenti originari, è stata una forma di protezione delle donne, intenti poi traditi nei secoli.

Negli anni che sono trascorsi dalla visita della mia paziente contadina, mi sono convinto ogni giorno di piú che le religioni monoteiste hanno fortemente contribuito a ridurre il peso sociale delle donne, e che lo hanno fatto per paura. Il cristianesimo, in particolare, in alcuni periodi storici ha dimostrato nei confronti delle donne una specie di terrore, e su di loro ha concentrato tutti quegli eccessi di fanatismo che nascono da una effettiva perdita di potere e consenso tra i fedeli.

Sto pensando in particolare a quella che è considerata una delle pagine nere della Chiesa, la caccia alle streghe nel Seicento. Tanti forse ignorano che il cardinale Borromeo, stimatissimo vescovo lombardo, fu anche uno sterminatore di giovani donne. Ne ha mandate molte al rogo per «liberare la loro anima» bruciandone il corpo. Non erano altro che ragazze affette da malattie mentali, oppure epilettiche; le crisi convulsive le lasciavano per terra, stremate, con la bava alla bocca; la Chiesa guardava e giudicava: quelle ragazze erano possedute dal diavolo. Veniva dunque chiamato l'esorcista, che con le sue formule e gli scongiuri aveva sempre la meglio sul demonio, perché – ovvio – dopo ogni attacco epilettico c'è un risveglio e una ripresa della normalità. Ma quando le crisi ritornavano, come sempre avviene, e si intensificavano, allora la donna era accusata di avere un'imperdonabile familiarità con il diavolo e allora, per il suo bene, doveva essere liberata con le fiamme da un corpo immondo e posseduto dal Maligno.

Oggi nessuno, per fortuna, brucerebbe viva una donna, ma il corpo femminile è ancora ostaggio della fede, perché nella fede rimane proibito disporre del proprio corpo in libertà.

Di fronte alla misoginia delle fedi moderne, le donne hanno sviluppato una loro religione privata, il cui senso diventa piú chiaro se nel termine *religio* (sulla cui origine ancora discutono gli studiosi) leggiamo la radice di «legare»: c'è, in ogni religione, un legame speciale, che unisce le persone in relazione a un'entità o un'idea superiore. La religione delle donne è l'Amore. Mi rendo conto che la parola è stata sovrautilizzata fino quasi a essere svuotata di significato, non trovo tuttavia un termine migliore per definire questa tensione naturale alla positività, che prescinde dalla cultura, dalla fede o dall'assenza di fede, dagli eventi. È la capacità tipicamente femminile di evadere dalla gabbia della propria individualità per dedicare ragione ed emozione a qualcuno o qualcosa che sta fuori di loro, senza bisogno di chiedersi se i conti tornano, senza volere nulla in cambio. Cosí la donna ama i figli, i nipoti, un compagno o una compagna, un'amica, e cosí ama un'idea, un valore, una missione, una professione, la politica, la scienza, l'arte, la musica, la scrittura. La poetessa Marina Cvetaeva dice cosí in una sua lettera: «Non faccio alcuna differenza fra un libro e una persona, un tramonto o un quadro. Tutto ciò che amo, lo amo di unico amore».

Nella mia lunga esperienza di lavoro, amicizia, impegno politico e collaborazione con le donne, ho potuto piú volte sperimentare come nulla e nessuno possa fermare la determinazione di una donna che agisce spinta dalla «religione dell'amore». E questo mi riempie di speranza per il futuro e mi dà sicurezza.

Perfetta armonia

L'amore è una storia infinita. Anch'io credo in ciò che dice Jean Attali: «Da oltre quattro miliardi di anni, la storia della vita segue una sola strada, quella della propria conservazione. E fa ricorso a una sola strategia, quella della diversificazione. Per riuscirvi inventa mille stratagemmi a cominciare dal piú singolare di tutti, il piú fantasmagorico, fonte di variazioni che si rinnovano senza sosta: la sessualità, strana divisione di ogni specie in due generi, la cui unione è necessaria perché la specie si perpetui. La specie umana è la prima a inscrivere i rapporti fra sessi in una concezione globale del mondo, a tal punto che fece dell'amore uno dei pilastri fondanti delle prime civiltà».

È esattamente cosí: per oltre due miliardi di anni la riproduzione è avvenuta sul nostro pianeta per via asessuata, e ancora oggi, in molti esseri viventi, avviene per duplicazione. Il bisogno di diversificazione, da cui nasce la sessualità, compare solo nell'ultimo miliardo di anni e, per la scienza evoluzionistica, è un fenomeno recente. Tuttavia anch'io, come Attali, sono convinto che fin dalla loro comparsa i rapporti fra i sessi abbiano rappresentato non solo il fondamento della civiltà, ma anche il termometro della sua cultura.

E tutto questo, prima che dai libri sull'evoluzione e dalla filosofia, l'ho imparato dalle donne. L'ho visto dimostrato quotidianamente, nel corso di una vita che ha sconfinato, un po' per caso e po' per scelta, nel loro mondo. Naturalmente non è stato tutto semplice, ho piú volte anche sperimentato e subíto il dolore che può nascere dal confronto tra uomo e donna, soprattutto quando la diversità tra i generi, invece che essere accettata, diventa frustrazione e conflitto con se stessi.

Da ragazzo mi vedevo bruttissimo, ero convinto che le ragazze non potessero degnarmi di uno sguardo, ed ero sicuro che nessuna mai si sarebbe innamorata di me. Forse perché ero davvero troppo alto per la mia età: a tredici anni guardavo i miei coetanei e mi sentivo un gigante. Ricordo che entravo a scuola ingobbito, curvato su me stesso, con la speranza ingenua che cosí sarei passato inosservato, e in classe prendevo posto negli ultimi banchi per evitare l'imbarazzo di coprire la visuale a chi sedeva dietro. Ancora oggi, con la scusa di dover portare il peso degli anni, cammino cosí, chino, chiuso nelle spalle, per difendermi dagli sguardi degli altri e dichiarare la mia timidezza.

Nell'adolescenza, mi sentivo un ragazzo goffo; quel corpo troppo lungo e torreggiante non mi apparteneva, ne ero prigioniero e da lassú le ragazze mi apparivano irraggiungibili. Inversamente proporzionale alla statura era la mia autostima di «maschio»: alquanto bassa. E per sfogare questo senso di inadeguatezza facevo il monello e mi rifiutavo di studiare.

Fra i miei primi ricordi di incontri con il mondo femminile affiora quello con le donne di strada. Furono loro ad avvicinarsi a me, non certo con l'intenzione di vendermi il loro corpo per poche lire: ero solo un bambino. Ma sin dalle elementari, quando dopo la scuola mi incamminavo verso la mia cascina, attraversavo ogni giorno le vie piú squallide della periferia est di Milano, e le trovavo lí ad aspettare i primi clienti. Erano donne povere, che si offrivano agli uomini per fame e per ignoranza, eppure dimostravano una tenerezza quasi materna per quel bambino timidissimo che passava sempre solo. Mi sorridevano facendomi cenno di fermarmi. Le prime volte rallentavo appena, giusto il tempo di farmi offrire una caramella o un biscotto, poi cominciai a fermarmi, sempre piú spesso e sempre piú a lungo, per scambiare qualche parola in dialetto. Di cosa chiacchierassimo non saprei, guardavo le loro bocche che scandivano le parole, osservavo i gesti che facevano per accompagnarle; bastava il suono delle loro voci, l'inflessione, e la mia fantasia mi portava in un mondo di fisicità legata al corpo femminile che mi trascinava in un turbamento incantato che non mi avrebbe lasciato ancora per molti anni a venire.

Quando penso a loro non riesco a mettere a fuoco un volto in particolare, e neppure mi viene in mente un nome. Chissà, mi dico, magari loro stesse hanno voluto cosí: forse negando i loro nomi, nascondendo le proprie storie, cercavano di impedire che nascessero affetti veri, o che qualcuno, da qualche parte, riuscisse a piantare un germoglio d'amore. Se ripenso oggi a quelle donne dall'allegria generosa e malinconica, nella mia mente si forma un vortice di immagini e di corpi che, dopo le fantasie di bambino, risvegliarono i miei sensi di ragazzo calpestando i confini della timidezza.

Poi venne la guerra, con il suo potere distruttivo che spazza via ogni cosa. Nel mezzo della tragedia, il pensiero del futuro sembrava privo di significato: qualcosa dentro tutti noi morí in quel momento. Fu la fine improvvisa dell'adolescenza e dei miei primi tormenti sentimentali.

Ho guardato la morte negli occhi, ho visto in faccia il terrore, l'ho provato sulla pelle insieme al brivido della crudeltà e della follia. Sono vivo per caso (per miracolo, diceva mia madre), sono uno dei pochissimi soldati che si sia salvato dopo essere saltato su una mina. Ero stato arruolato con la forza a Milano, dopo una retata alla Stazione Centrale, ero stato destinato a un reparto italiano aggregato ai tedeschi e mandato vicino a Pistoia. Quel giorno ero in ricognizione con il mio compagno Bo, un piemontese con cui avevo molto legato, quando sentii il frastuono delle bombe e distinsi non troppo lontano i bagliori dei loro scoppi nelle luci dell'alba. Erano gli aerei degli Alleati e noi, cosí visibili lungo la strada, non avevamo scampo. Cominciammo a correre e con un salto ci buttammo oltre la recinzione che delimitava un prato credendo di trovare la salvezza. Invece era un campo minato. Bo scomparve (ho saputo molto tempo piú tardi che anche lui non morí in quel momento, ma ne persi comunque le tracce e non riuscii mai piú a rivederlo) e io, investito da una miriade di schegge, saltai letteralmente in aria. Ufficialmente ero scomparso anch'io: o questo, almeno, fu il messaggio che arrivò a mia madre. Tutto ciò che mi poteva rendere riconoscibile, in effetti, saltò in aria con le schegge.

Non so come, ma rimasi lucido ancora per qualche secondo dopo lo scoppio, giusto il tempo per trascinarmi sul ciglio della strada, prima di perdere del tutto la coscienza. Mi risvegliai completamente fasciato in una corsia dell'ospedale di Pistoia e non saprò mai chi mi strappò alla morte e quando. Non potevo né muovermi né parlare e rimasi cosí per quasi un mese. Ricordo che qualcuno disse che avevo duecento schegge conficcate nella carne, duecento piccole ferite da cui perdevo sangue, fui portato almeno sette volte in sala operatoria, fra incubi e lunghi momenti di incoscienza. Ma riuscii a sopravvivere. Trasferito all'ospedale militare di Montecatini e poi a Porretta Terme, fui curato molto bene: mi tolsero tutte le schegge, tranne una. Si era conficcata in un punto del torace in cui sarebbe stato troppo rischioso rimuoverla e cosí me la tenni per sempre. Per questo se devo viaggiare in aereo porto sempre con me la radiografia del mio torace: quando in aeroporto passo attraverso il metal detector spesso l'allarme si mette a suonare, come a ricordarmi la mia fragilità, oppure il mio strano destino.

In corsia tutti pensavano che io fossi tedesco, ma non per questo fui trattato con minor cura, anzi. In particolare mi ricordo l'impegno amorevole delle volontarie della Croce Rossa. Erano tutte italiane ed erano, da ciò che percepivo dei loro discorsi, ragazze giovani e di buona famiglia, che avevano scelto di condividere la vita dolorosa e faticosa dell'ospedale militare e di aiutare i feriti. Sicure che non potessi capire le loro parole, spesso anche in mia presenza si lasciavano andare a chiacchiere e commenti – alcuni persino spinti e spiritosi – sui pazienti e sui medici. A loro serviva per allentare la tensione, e serví anche a me: nel mio dolore trovai un'occasione per sorridere anche se solo con il pensiero.

Dice Erri De Luca, descrivendo il quotidiano stravolto dalla guerra, che agli uomini servono occasioni speciali per mostrare il loro valore; le donne invece riescono a farlo di continuo, sono valorose nella normalità – se esisteva, nel '44, una «normalità». In effetti l'amore che ho visto esprimere dalle donne in guerra è totale: è dedizione alla vita, senza distinzione per figli, fratelli, mariti e compagni di bandiera.

Non so piú quante volte ho raccontato di Angelina, la portinaia che mi ha salvato la vita quando, clandestino, ero braccato dai soldati tedeschi. La nostra storia è semplice, terribile e insieme bellissima: i tedeschi vennero a sapere che mi nascondevo nella casa di mia madre e mia sorella, a Milano, in via Teodosio, dove Angelina faceva la custode, e quando arrivarono a prendermi nell'appartamento al quinto piano, lei capí che ero spacciato. Lo credevo anch'io. Lí dentro vivevo in uno stato di allerta permanente, con i sensi sempre tesi a captare il minimo segnale di pericolo, e quando sentii provenire dalla portineria quelle voci non ci fu alcun bisogno di sforzarmi per capire di cosa stessero parlando: nel loro accento inconfondibile era scritta la mia condanna a morte. Mi ero salvato dalla mina, ma non sarei stato di nuovo cosí fortunato. «Questa volta ci siamo davvero», pensai. Aspettavo di sentire i passi dei tedeschi avvicinarsi sulle scale, e invece sentii la voce di Angelina che gracchiava dal citofono: «Scappa Umbertino, va' via! Ai tedeschi ci penso io». Spalancai la porta e corsi al sesto piano per nascondermi a casa dei Turner, una famiglia di antifascisti. Angelina aveva fatto salire i tedeschi sull'ascensore e poi aveva staccato la corrente dello stabile, bloccandoli nella cabina per il tempo necessario alla mia fuga. Io riuscii a sentire le urla rabbiose dei tedeschi, a cui Angelina rispose un poco a gesti e un poco a parole che c'era stato un guasto. Fu convincente e anche lei si salvò. Cosí, a vent'anni, ero un uomo che doveva la vita a una donna umile e coraggiosa, come in realtà erano tante allora a Milano. In quel momento la mia riconoscenza e la mia stima nei confronti del mondo femminile sono diventate piú solide e forti. E lo sono ancora oggi.

Ho lavorato e lavoro con molte donne. Molte mi hanno aiutato e affiancato nella ricerca, con molte ho condiviso gioie e successi, di molte sono amico. Nonostante le mie paure di adolescente, ho ricevuto tanti sguardi e tanto amore. Che ho restituito, profondamente.

Mi è stato spesso chiesto se la figura di mia madre sia mai stata un freno alla mia dedizione e attenzione per altre donne. Penso di no. Penso anzi che la sua dolcezza e la sua tolleranza mi abbiano aiutato ad amare in modo piú autentico, allenando la mia mente alla comprensione piú profonda del pensiero femminile.

Sono figlio di un'èra radicalmente maschilista, cresciuto nel predominio indiscusso del maschio-padre-padrone, e so di averne in parte assorbito l'essenza. Eppure, in qualche modo, sono riuscito a «salvarmi»: sono riuscito a capire che amare una donna non vuol dire possederla, ma apprezzare quelle differenze profonde che sono l'essenza della sua femminilità, entrare in sintonia con la sua mente fino a «pensare da donna». E mi riempie d'orgoglio il fatto che, oltre le dodici lauree honoris causae ricevute nel corso della mia carriera, ci sia anche un attestato molto particolare, che non posso citare nei curricula ufficiali ma che, dal punto di vista personale, è molto significativo: quello di «Donna ad honorem». Pare che io sia l'unico uomo, finora, a possedere questa qualifica: mi è stata attribuita da un'importante associazione femminile romana, per i miei tentativi di calarmi nella realtà dei problemi piú profondi dell'animo femminile. È un attestato di cui vado molto fiero.

Al di là dei miei rapporti personali, infatti, ho cercato sempre di coltivare un amore «globale» per la donna, e di trasferirlo nella ricerca scientifica e nella mia professione di medico. Penso di aver scelto di essere senologo proprio per salvare le donne dallo scempio compiuto sui loro corpi nella lotta contro il cancro al seno. Quando infatti mi sono avvicinato a questa malattia (ed è successo per caso, perché l'Istituto nazionale tumori era vicino a casa ed era comodo per fare pratica), la prima cosa che ho fatto è stata quella di ribellarmi alle mutilazioni che deturpavano i corpi, senza pietà.

Se sono stato un buon senologo, lo devo anche al fatto che ho amato tutte le mie pazienti. Le ho ascoltate, ho provato a capirle, a stabilire un'empatia: ho sofferto con loro, ne ho condiviso i dubbi e le paure. Mi sono sentito morire insieme a quelle che ho perso e ho rivissuto la speranza e ho ritrovato la fiducia per sviluppare ancora le mie ricerche, grazie a quelle che ho guarito.

Una splendida attrice mia paziente, quando racconta la storia del suo cancro al seno, ricorda sempre che, dopo la disperazione della diagnosi, trovò la forza di reagire pensando alle amazzoni. «Quelle meravigliose donne guerriero si toglievano una mammella per portare meglio la faretra e sguainare la spada, e non per questo erano meno desiderabili. Anzi, avevano imposto all'uomo un nuovo ideale di seduzione. Anch'io, – ho pensato, – troverò un nuovo modo di essere bella, anche dopo un cancro». Lei non è diventata un'amazzone, non ha dovuto rinunciare al suo bellissimo seno; porta solo una piccola cicatrice, che mostra quasi con fierezza.

In tutti i congressi e in tutti i libri ripeto che il coraggio di sperimentare la tecnica della chirurgia conservativa (asportare cioè solo la parte della mammella in cui si trova il tumore, invece che tutto il seno) me lo diede definitivamente una paziente. È questa una storia che ho raccontato molte volte, eppure, sempre, mi tornano alla memoria nuovi dettagli, perché sono ancora di piú le volte in cui ho ripensato a quella scena, anche scrivendo i miei lavori scientifici. Era una donna giovane, di poco piú di trent'anni, molto bella. Quando le dissi che dovevo asportarle completamente il seno, scoppiò a piangere. «Professore, lei non mi può operare. Se devo perdere il seno preferisco tenermi il cancro. Io sono un'attrice: potrei mai interpretare la Lucietta con l'abito scollato, senza il mio seno? E poi tra poche settimane mi sposo e senza questo seno ho paura che mio marito non mi desidererebbe piú». Dopo quella visita, sono andato a cercare il personaggio di Lucietta del Goldoni nelle *Baruffe chiozzotte* e mi sono segnato nei miei appunti questa sua frase «Semo donne da ben, e semo donne onorate; ma semo aliegre, e volemo stare aliegre, e volemo balare, e volemo saltare. E volemo che tutti posse dire: e viva le Chiozotte, e viva le Chiozotte!»

Era il 1968 e a quell'epoca la mastectomia totale era la regola, anche in caso di un tumore di piccole dimensioni. Se una donna rifiutava l'operazione, la mandavamo a casa: «Mi dispiace, se non accetta il protocollo, non possiamo fare niente per lei». Ma questo non era ciò che pensavo io. Da anni studiavo i vetrini (cioè i risultati degli esami istologici) di molti casi per trovare conferma di una mia intuizione già provata nel trattamento degli animali: per curare un tumore del seno di piccole dimensioni, basta togliere il lobo della ghiandola dove si trova il nodulo. La ghiandola mammaria è formata da una decina di lobi, tutti indipendenti dal punto di vista circolatorio e anatomico. Non c'era dimostrazione che togliere l'intera mammella offrisse maggiore garanzia di guarigione rispetto a un intervento parziale, che era quello che io avevo in mente: togliere solo il quadrante del seno colpito da tumore e combinare l'intervento con un ciclo di radioterapia.

Cosí decisi di preparare un documento di ipotesi di sperimentazione e la giovane futura sposa sarebbe stata la prima paziente reclutata. Lei accettò con entusiasmo, fu operata, irradiata, si sposò e nessuna metastasi si presentò, neppure dopo anni.

Mi resi dunque conto che tante, tantissime donne la pensavano come lei, ma che fino ad allora i chirurghi avevano preferito fingere di non saperlo: meglio nascondersi dietro la rigidità dei dogmi dell'oncologia per non mettere a rischio la propria professionalità e immagine.

Una cosa che invece non racconto spesso è che nel momento in cui iniziai lo studio clinico, e quindi cominciai a preservare il seno di molte pazienti, mi ritrovai contro tutto il mondo medico internazionale. Di notte, per anni, mi sono sentito stritolato nella morsa dell'angoscia, terrorizzato dall'ipotesi che mi stessi sbagliando, e che il mio errore condannasse le donne a cui non praticavo l'intervento totale. Ovviamente avevo una base di risultati di ricerca molto solida per sostenere la mia tesi, ma in sala operatoria, ogni giorno, non c'era nessuna Scienza personalizzata accanto a me, e io ero terribilmente solo: solo con la mia paziente che si addormentava sotto l'effetto dell'anestesia, e si affidava interamente a me. «Chi te lo fa fare», mi sono detto tante volte, e in quei lunghissimi momenti avrei desiderato tanto avere un Dio da pregare. Ma Dio era uscito dal mio orizzonte e io stavo facendo, drammaticamente e lucidamente, la mia sola volontà.

Sono andato avanti, nonostante la paura e l'ostilità, perché avevo fiducia nella ricerca e nel pensiero scientifico; l'ho fatto perché era una sfida personale alla rassegnazione che dominava oncologi e malati, e certo l'ho fatto anche per ambizione. In ogni caso però, credo che non ci sarei riuscito senza la spinta determinante della volontà delle mie pazienti e del mio amore per le donne, di quella fascinazione totale che mi ha fatto percepire con forza quanto il seno racchiuda in sé parte dell'essenza di una donna: la sensualità, l'indole materna e protettiva, la capacità di trasmettere tenerezza e conforto semplicemente stringendo a sé la persona amata.

Mi piace ripetere che la parola «seno» non indica un organo, ma che è l'incavo fra le due mammelle. Non è dunque un caso che, in molte lingue, sia proprio quell'affossamento fra due curve a dare un nome al simbolo della femminilità. Togliere chirurgicamente una mammella o entrambe vuole dire distruggere l'armonia perfetta del corpo femminile, e dunque per evitarlo va fatto tutto ciò che è razionalmente concepibile. Non ho mai nascosto, né a me stesso né agli altri, che il mio impegno scientifico e civile è nato in parte dall'attrazione per questa armonia e dal conseguente desiderio di difenderla. Non credo che dare importanza al corpo, alla sua componente sessuale, significhi sminuire il pensiero, la mente. Anzi, dal punto di vista scientifico la sessualità è l'espressione di qualcosa che potremmo chiamare «intelligenza della vita»: la capacità di sopravvivere e procreare che ogni essere vivente porta inscritta nel proprio Dna. È solo con l'intervento dilagante di una cultura sessuofoba (che di questa forza vitale ha avuto paura) che l'atto biologico della procreazione è diventato fonte di scontro e oggetto di competizione fra i sessi.

Molto ha fatto in questo senso, l'ho già detto, la concezione propria di tante religioni che vedono il sesso come peccato. Un pregiudizio che la Chiesa cattolica ha abbracciato spesso con enfasi, e che ha materializzato imponendo la castità ai suoi sacerdoti. Ma non possiamo certo credere che siano vescovi e cardinali gli unici responsabili della paura del sesso. Con la progressiva secolarizzazione della società, e la conseguente trasformazione del credo religioso in fatto privato, ci saremmo potuti aspettare un maggiore equilibrio nell'atteggiamento verso la sessualità, ma nulla del genere sembra essere accaduto.

Oggi il sesso è ovunque: sulle prime pagine dei giornali, sulle copertine delle riviste, nelle pubblicità, in rete, su tutti i canali televisivi. C'è un'ostentazione, quasi un'ossessione, che nasconde secondo me un temibile vuoto. È come se nell'èra successiva alla liberazione sessuale, dopo anni di lotte culturali contro l'oscurantismo, il sesso non fosse affatto un'integrazione naturale dei rapporti uomo-donna. Al contrario, torna a essere il simbolo della trasgressione, e intriga solo se è proibito, esagerato, maniacale, magico, o addirittura virtuale. E da qui a diventare strumento di ricatto e di violenza, il passo è breve. La ragione di questa situazione è innanzitutto biologica, ed è il prezzo per la parità fra i sessi, una conquista che attenua le differenze di genere e affievolisce l'attrazione spontanea che accende il desiderio sessuale. Donna e uomo sono sempre piú simili socialmente e piano piano lo diventano anche sessualmente. Non c'è niente di cui stupirsi, anzi è una sorta di ritorno alle origini. Pensiamo al mito dell'ermafrodita, dal punto di vista biologico siamo tutti potenzialmente ermafroditi: i maschi sviluppano i capezzoli (e in casi particolari sono addirittura in grado di allattare!) e dal punto di vista dell'embriologia la prostata potrebbe essere considerata un equivalente dell'utero; d'altra parte il clitoride è l'omologo del pene. Il nostro sistema endocrino produce ormoni femminili e maschili e, in una fase precoce del suo sviluppo, l'embrione possiede gonadi che possono potenzialmente evolvere in direzione femminile o maschile, a seconda del contesto. Nel corso dell'evoluzione si è a un certo punto imposto il modello dei due sessi: un sesso «forte» che doveva procurare il cibo e difendere il territorio, e un sesso «debole» che doveva accudire la prole. Ora, se un maschio deve ogni giorno cacciare la preda che sarà cibo per i suoi figli, se deve uccidere, appostarsi, inseguire, il suo cervello trasmette una richiesta di aggressività alle ghiandole endocrine, che si mettono a produrre molti ormoni maschili e molti spermatozoi. Ma se lo stesso maschio passa la giornata in ufficio comodamente seduto davanti a un computer, e una volta arrivato a casa si occupa dei figli, lava i piatti e rassetta la cucina, è inevitabile che le richieste trasmesse dal cervello siano diverse, e che dunque l'apparato riproduttivo attenui la sua funzionalità. Lo stesso vale, in senso inverso, per la femmina.

Oggi la donna ha sempre piú spesso ruoli di rilievo fuori della famiglia: gestisce persone e denaro, impartisce ordini, prende decisioni difficili e rientra a casa tardi, carica di stress. Questo non favorisce certo la produzione di ormoni femminili.

D'altronde in tutti i paesi occidentali è evidente un progressivo aumento di infertilità, sia maschile che femminile, che rende la procreazione assistita una necessità sempre piú incalzante. L'omologazione dei ruoli sociali ha determinato un'importante riduzione della competizione fra i sessi, ma, inesorabilmente, ha anche provocato un'attenuazione della naturale polarità che è all'origine della coppia: i poli diversi si attraggono, quelli uguali si respingono.

Andiamo forse verso un'umanità priva di distinzioni sessuali? Io credo piuttosto che ci stiamo evolvendo – pur con difficoltà, battute d'arresto e momenti di regressione – verso una nuova sessualità, piú ampia. Un nuovo punto di vista sui generi, che non stigmatizza l'omosessualità come deviazione, né la bisessualità come perversione. Le coppie gay sono una realtà a cui molti paesi hanno già riconosciuto un'identità sociale, e la fascinazione sempre piú diffusa per il travestitismo e l'androginia materializza il desiderio di accoppiarsi con un ermafrodito.

Che il sesso non sia piú rigorosamente bipolare e finalizzato alla procreazione è, secondo me, un'opportunità. Permette infatti di recuperarne le valenze positive, sottraendolo alle mistificazioni e alle strumentalizzazioni. Si profila il diritto di ciascuno ad amare ed essere amato in quanto *persona*, e la coppia si delinea come unione di individui – uomini o donne che siano – che si capiscono, si parlano, si aiutano, si amano, liberi dall'assillo della riproduzione.

È anche l'occasione per la nascita di un femminismo nuovo, che non tende allo screditamento del maschio né a una rigida ginecocrazia. Dopo le grandi battaglie di ruolo del XX secolo, le lotte per il suffragio universale, per la parità sul lavoro, per il divorzio, per il diritto all'aborto e alla fecondazione assistita, le donne delle nuove generazioni mi sembrano piú caute. Voglio pensare che non siamo di fronte a un ritorno al passato, ma che questa sia l'epoca del bilanciamento, perché le donne piú giovani soffrono meno del risentimento antimaschile che ha caratterizzato la fine del Novecento. Fra gli esiti positivi del femminismo rientra anche la nascita di una nuova coscienza femminile, che non ha bisogno di aggressività perché già vive in una condizione di maggiore equilibrio, grazie alle conquiste del passato che hanno attenuato la supremazia incondizionata del maschio e la disparità sociale.

Nel mio libro *L'ombra e la luce*, ho scritto che il male in sé non esiste, che è la negazione del bene. Ho detto anche, però, che se dovessi definire il bene con un'immagine, direi che il bene è donna.

Ora aggiungerei, tornando alla biologia, che gli ormoni androgeni, quelli preposti alla differenziazione sessuale in senso maschile, concorrono senza alcun dubbio all'aggressività, che è un istinto «distruttivo»; mentre gli ormoni femminili, delegati a preservare nell'organismo un equilibrio che tende alla conservazione e alla riproduzione della vita, sono all'origine dell'istinto «costruttivo». Non è un caso, insomma, se sono in prevalenza maschi i teppisti allo stadio, i terroristi, i boia, i serial killer, i torturatori. Un mondo in mano alle donne tenderebbe secondo me all'equilibrio e alla gestione pacifica dei conflitti, mentre oggi il potere è per lo piú nelle mani degli uomini e non possiamo certo dire che l'uso che ne fanno ci stia conducendo verso il bene dell'umanità.

Un modello esemplare è Aung San Suu Kyi, premio Nobel per la pace nel 1991, leader del movimento per i diritti civili e umani e la democrazia in Birmania. Suu Kyi è figlia di un paladino dell'indipendenza birmana assassinato nel 1947 e ha vissuto molti anni in Europa, lontano dalla sofferenza del suo paese. Ma una volta rientrata a Rangoon nel 1988, in occasione di una rivolta e della successiva repressione nel sangue, sceglie di rimanere per lottare contro la dittatura militare e diventa l'unica speranza concreta per milioni di persone. L'anno successivo viene arrestata ed è ancora oggi perseguitata, minacciata nei suoi affetti e costretta agli arresti domiciliari; ma la sua opera di denuncia internazionale, di mediazione e di pacificazione con i militari, continua senza tentennamenti. La sua scelta è di rifiutare la provocazione e l'odio, di ignorare i soprusi e di tentare fino allo stremo la via del dialogo. Molto ha già ottenuto per la democrazia e molto ancora otterrà, ne sono sicuro, come ne è sicura lei quando scrive: «Sappiamo che la sfida piú grande è ancora davanti a noi e che la nostra lotta per instaurare una stabile società democratica oltrepasserà la lunghezza della nostra vita. Ma sappiamo di non essere soli. La causa della libertà e della giustizia incontra reazioni solidali in tutto il mondo: persone pensanti e sensibili di ogni fede e colore comprendono il bisogno umano profondamente radicato di un'esistenza significativa che vada al di là della mera gratificazione di necessità materiali». Una volta Suu Kyi ha raccontato di essere rimasta scioccata da un'intervista in cui uno dei ministri del regime sosteneva che con il denaro si può ottenere tutto: «Se tieni una banconota da dieci dollari sopra una tomba, uscirà fuori una mano e se la prenderà. E se fossero cento dollari, uscirebbe tutto il cadavere».

Suu Kyi vuole per il suo paese qualcosa di diverso dalla ricchezza materiale. «Quando immagino una Birmania democratica, – scrive, – la vedo in termini di meno sofferenze per la gente. Voglio un paese in cui siano rispettate le leggi, dove le persone siano sicure per quanto è possibile esserlo nel mondo moderno; dove siano incoraggiate e aiutate ad acquisire un'istruzione, ad ampliare i loro orizzonti; dove vengano favorite le condizioni per alleggerire mente e corpo. Al centro del mio movimento c'è *metta*, che significa il desiderio di arrecare sollievo agli esseri umani». Ecco, in queste sue parole io trovo l'espressione della piú genuina e universale forma d'amore. E credo che nessun uomo sarebbe stato in grado di pronunciarle.

I numeri di Sophie

Estate 1940. Al Newnham College di Cambridge, tra gli studenti di chimica e fisica, c'è una ragazza inglese di vent'anni, figlia di un ricco banchiere di origine ebraica. Alle rimostranze del padre, che avrebbe desiderato per lei un'educazione piú tradizionalmente «femminile», piú adatta ai salotti della high society britannica e piú religiosa, la giovane risponde con una coraggiosa lettera: «Ovviamente, – scrive, – il mio metodo di pensiero e di ragionamento è influenzato dall'allenamento scientifico. Ma tu guardi alla scienza, o almeno ne parli, come se fosse una sorta di invenzione immorale da parte dell'uomo. Qualcosa di diverso dalla vita reale, che deve essere guardata con prudenza e tenuta separata dalla vita di tutti i giorni. Ma la scienza e la vita di tutti i giorni non possono e non debbono essere separati. Per me la scienza fornisce una parziale spiegazione della vita. Essa è sempre basata su fatti, esperienze ed esperimenti. Le tue teorie e quelle della gente che la pensa come te sono piú facili e piú gradevoli, ma secondo me non hanno alcun fondamento, se non quello di portare a uno stile di vita piú piacevole, e a una esagerata idea della nostra importanza. Dal mio punto di vista, tutto quello che è necessario per la fede è credere che, facendo del nostro meglio, arriveremo piú vicini al successo e che il successo delle nostre aspirazioni (il miglioramento della vita umana, presente e futura) valga la pena del nostro impegno».

La firma in calce alla lettera è quella di Rosalind Franklin.

Circa dieci anni dopo, Rosalind Franklin è una giovanissima ricercatrice al King's College di Londra. Specializzata nella tecnica della fotografia a raggi x, nel 1952 scatta l'immagine che segnerà una svolta epocale negli studi di genetica: è il codice della vita, la struttura a doppia elica del Dna. Per una leggerezza di un collaboratore, due colleghi maschi, James Watson e Francis Crick, entrano in possesso della fotografia, e la usano per elaborare la descrizione del modello in un articolo pubblicato su «Nature» nel 1953. Sono loro, Watson e Crick, a vincere il premio Nobel nel 1962, e a vedere il proprio nome consegnato alla storia. La Storia non ricorda invece Rosalind Franklin e del suo nome non resta traccia. Per molti anni.

«La dark lady del Dna», cosí la definisce Watson, fu una donna scomoda e ribelle, e insieme caparbiamente determinata a non rinunciare al proprio ruolo e ai propri studi per colpa del maschilismo che imperava nel mondo scientifico. Fu un'ombra che uscí di scena silenziosamente; morí a 37 anni di cancro.

Bisognerà aspettare il 1968 perché Watson nella sua autobiografia *The Double Helix*, ricordi la collega «Rosy». Scrive Watson in una delle ultime pagine del volume: «poiché le mie impressioni sul suo conto dal punto di vista scientifico e personale furono all'inizio spesso sbagliate, voglio dire qui... che eravamo giunti ad apprezzare profondamente la sua onestà e la sua generosità, rendendoci conto troppo tardi delle lotte che una donna intelligente deve affrontare per essere accettata nel mondo scientifico... la sua ostilità derivava unicamente dalla sua giusta aspirazione a lavorare con gli altri su un piano di eguaglianza».

Capisco bene cosa intendesse con queste parole Watson, che io ho conosciuto a Londra negli anni Cinquanta, e comprendo il tentativo di giustificare, o almeno spiegare, il proprio ritardo: per lungo tempo la scienza è stata tradizionalmente il «luogo della mente maschile», e sessant'anni fa era molto difficile superare culturalmente quelle barriere tra i sessi che sembravano «naturali».

A dire il vero, la situazione oggi non è molto diversa. Appena qualche anno fa, l'allora rettore dell'università di Harvard, Lawrence Summers, ha rilasciato una dichiarazione sconcertante: le donne non sarebbero adatte alla ricerca scientifica perché, secondo lui, non possiedono in alcuni campi del sapere l'abilità innata che invece possiedono gli uomini, e ci sarebbero dunque ragioni biologiche che spiegherebbero il motivo di una scarsa propensione femminile verso la matematica e le altre scienze. Il dramma è che molti uomini continuano a pensarla cosí: le donne sarebbero, in due parole, «geneticamente inadatte» alla scienza, e quindi al progresso e all'applicazione del pensiero razionale. Summers ha inoltre aggiunto che la comprensione e l'acquisizione dei concetti legati alla scienza dipendono piú dai fattori genetici che da quelli culturali e ambientali. Insomma, non c'è speranza. Inutile che le donne si impegnino e studino: nelle scienze non arriveranno mai a raggiungere la sorprendente abilità «congenita» dell'uomo.

Io però non ci sto. Se posso arrivare – con un certo sforzo – a capire la difficoltà di esprimere, sessant'anni fa, un pensiero diverso dall'opinione comune, trovo comunque queste affermazioni, sia ieri che oggi, assolutamente non condivisibili. Continuando a mia volta con le argomentazioni scientifiche e logiche, potrei rispondere a certi colleghi che la cosiddetta «capacità innata» è tuttora un concetto scientificamente inspiegabile, e in ogni caso riguarda alcuni individui ritenuti per questo eccezionali: non si estende automaticamente a tutto il genere a cui quegli individui appartengono. Insomma: se è vero che la maggior parte di coloro che ricordiamo come «geni» sono maschi, questo non vuol dire che le donne non abbiano doti geniali.

Pensiamo ad esempio alla matematica, scienza esatta e razionale per definizione. Tutti ricordiamo i grandi pensatori come Archimede ed Euclide, ma c'era anche Ipazia, vissuta nel IV secolo in Egitto.

Ipazia, grande filosofa a capo della scuola neoplatonica di Alessandria e astronoma, fu anche una geniale matematica: scrisse un commentario all'*Arithmetica* di Diofanto (l'opera fondante dell'algebra) e sembra che abbia ideato fra l'altro il *Corpus astronomico*, una raccolta di tavole sui corpi celesti. Questa donna straordinaria, che forse Raffaello ritrasse nella *Scuola di Atene*, fu anche la prima martire pagana della scienza, una specie di «strega»: morí giovanissima – lapidata (secondo alcuni fatta a pezzi) da un gruppo di fanatici cristiani, gli stessi che distrussero la Biblioteca di Alessandria –, probabilmente su istigazione del vescovo Cirillo che la accusò di eresia. Dopo l'assassinio, i suoi allievi abbandonarono la città e Alessandria perse il suo ruolo di guida culturale: per la città fu l'inizio del declino.

Mi ha colpito il fatto che di recente il regista spagnolo Alejandro Amenábar abbia diretto un film su Ipazia e l'abbia intitolato *Agorà*. Mi sono domandato, perché non intitolarlo *Ipazia*, un nome intrigante anche per chi non conosce il personaggio? Poi ho capito, vedendo il film, che la storia di Amenábar non è solo la ricostruzione della figura di un'eroina del pensiero, ma è un atto di accusa contro l'intolleranza e il cieco integralismo che soffocano, anche nel sangue se necessario, lo spirito dell'agorà. Agorà che corrisponde, invece, alla democrazia nel senso piú autentico della parola greca: non solo potere del popolo, ma anche libertà del pensiero e della sua espressione.

È bellissima la descrizione che di Ipazia fa il filosofo pagano Damascio: «Tale era Ipazia, cosí articolata ed eloquente nel parlare come prudente e civile nei suoi atti. La città intera l'amò e l'adorò in modo straordinario, ma i potenti della città la invidiarono, cosa che successe anche ad Atene. Sebbene la filosofia stessa sia perita, il suo nome sembra ancora magnifico e venerabile agli uomini che esercitano potere nello Stato».

La scienza non è mai stata gradita ai potenti. Lo scienziato è visto con sospetto: è un libero pensatore, non ragiona sulla base delle ideologie e per di piú dissemina fra la gente sapere e coscienza, che del potere sono i nemici peggiori. Se poi lo scienziato è donna, il sospetto si trasforma in paura, e la paura in persecuzione. Viene allora da domandarsi se non ci sia un motivo tutt'altro che genetico dietro al fatto che le scienziate ricordate dalla storia siano poche, certamente meno numerose dei maschi. Del resto, possiamo ritrovare la stessa sproporzione nella pittura, nella scultura, nella musica, nella letteratura.

Mi preme innanzitutto ricordare che le donne non sono state ammesse nelle università europee fino al secolo scorso (Milena Marić, moglie di Einstein, è un esempio di questa discriminazione) e che la celebre Università di Princeton, negli Stati Uniti, fu aperta alle donne solo nel 1968, ma fino al 1995 non ebbe un solo *full professor* donna. Non c'è molto da stupirsi dunque se la storia dell'ingegno femminile è una galleria di volti e nomi pressoché sconosciuti fino all'èra moderna, che riuscirono a dare il proprio contributo alla scienza «malgrado il loro essere donna».

Quasi tutte queste donne hanno dovuto, in primo luogo, ingegnarsi per studiare, chi sui libri dei fratelli, chi su quelli dei mariti, chi pregando i padri facoltosi per avere un'istruzione, invece che una dote per il matrimonio; inoltre sono rimaste escluse dai circoli scientifici ufficiali, vale a dire da quello scambio di idee, solidamente in mano ai maschi, che è l'humus della scienza. Molte, a causa del loro amore per la scienza, hanno avuto vite infelici e solitarie. Alcune, invece, hanno goduto di una situazione privilegiata e solo in ragione di questa «diversità» riuscirono a imboccare la strada del sapere.

Vorrei fare qualche esempio, senza nessuna pretesa naturalmente di presentare una storiografia esauriente delle donne e la scienza, ma soltanto per salvare qualche nome prezioso dall'oblio in cui spesso è caduto. Sono consapevole che ne posso ricordare qui soltanto alcuni, ma mi piace farlo, e mi piacerebbe che li considerassimo dei testimoni.

Nell'XI secolo, nella colta Italia del Sud e nell'ambito della Scuola medica salernitana, fra le «Mulieres salernitanae» operò Trotula de Ruggiero, la piú famosa donna medico del Medioevo e la prima ginecologa della storia. La sua ricchezza e le origini nobili le permisero di accedere all'educazione medica di allora. I suoi trattati sulle malattie femminili, che contengono i principî fondamentali della prevenzione e dell'igiene, sono la base della ginecologia moderna. Tant'è che nel 1800 alcuni storici si opposero all'idea che una donna avesse potuto scrivere un'opera cosí importante e cancellarono la presenza di Trotula dalla storia della medicina. La sua esistenza fu poi recuperata, a fine secolo, dagli storici italiani.

Quasi contemporaneamente a Trotula, viveva in Germania Ildegarda di Bingen, una suora benedettina e santa per la Chiesa cattolica. La vita monastica, era in effetti per le donne del Medioevo «l'altra via», parallela a quella della nobiltà e della ricchezza, per poter studiare e accedere ai testi. Ildegarda fu un genio eclettico: scrittrice, musicista, cosmologa, medico, linguista, naturalista, filosofa, poetessa. Diede un contributo importante alle scienze naturali, scrivendo due manuali che raccoglievano lo scibile medico e botanico di allora. Dopo il Medioevo, la danese Sophie Brahe fu una grande matematica e astronoma, ma il suo contributo non fu mai riconosciuto alla pari di quello del fratello Tiho. Fu lui, infatti, a passare alla storia.

A metà del 1600 l'italiana Maria Cunitz fu definita la seconda Ipazia. Istruita dal padre, fu estremamente erudita e dotata di un'intelligenza poliedrica: parlava sei lingue, era poetessa, pittrice, musicista e aveva profonde conoscenze mediche, matematiche, storiche e soprattutto astronomiche. Scrisse *Urania propitia*, con l'obiettivo di semplificare le tavole di Keplero. A fine Seicento visse in Polonia un'altra grande astronoma, Elisabetha Koopman-Hevelius, che pubblicò il piú vasto catalogo stellare giunto sino a noi, nel quale sono annotate, con esattezza, le posizioni di quasi duemila stelle. Intanto, l'italiana Elena Cornaro Piscopia divenne famosa in tutta Europa per la sua erudizione, e nel 1678 fu la prima donna al mondo a conseguire una laurea.

Nel campo della matematica, all'inizio del 1700 visse a Bologna Laura Maria Caterina Bassi, che fu la prima docente universitaria donna d'Europa, ottenendo nel 1733 una cattedra in fisica all'Università di Bologna. Intanto, a Milano, un'altra grande matematica, Maria Gaetana Agnesi, scrive in latino un discorso in difesa del diritto delle ragazze all'educazione superiore. Tra il Settecento e l'Ottocento in Germania e in Francia iniziano finalmente a emergere figure femminili, non senza pagare un alto prezzo nella vita personale: Caroline Herschel fu probabilmente la prima donna a scoprire una cometa e oggi una stella periodica porta il suo nome. In riconoscimento del suo lavoro, nel 1835 fu la prima donna a essere ammessa come membro onorario nella Royal Astronomical Society. Nel 1838 divenne membro della Royal Irish Academy e in Germania il re di Prussia le conferí nel 1846 la Medaglia d'oro delle Scienze. A Parigi, Marie-Sophie Germain fu una grandissima matematica, ma soprattutto fu l'icona del movimento femminista per la sua battaglia contro i pregiudizi sociali e culturali, tanto che per diversi anni fu costretta a utilizzare uno pseudonimo maschile: M. Le Blanc. M. Le Blanc raggiunse con grande fatica il riconoscimento del suo genio, ma la sua vita fu una serie di esclusioni e ingiustizie, l'ultima delle quali davvero tragica. Quando l'Università di Göttingen volle riconoscerle la laurea honoris causae, Sophie non poté ritirarla perché morí poco tempo prima di tumore del seno. Il suo nome non figura tra i settanta nomi di illustri scienziati stampati sulla costruzione della Tour Eiffel, pur essendo ben nota agli ingegneri di allora. Oggi un cratere del pianeta Venere porta il suo nome e cosí a Parigi una scuola – l'École Sophie Germain – e una strada – la rue Germain. Alcuni numeri primi sono detti «numeri primi di Sophie Germain» ed esiste un teorema Lagrange-Germain. Ma tutto questo avvenne troppo tardi. Come per Rosalind Franklin il meritato riconoscimento arrivò solo dopo la sua morte prematura.

Quasi contemporanea di Sophie, nella prima metà dell'Ottocento, la figlia del poeta lord Byron, Augusta Ada Byron Lovelace, dà un grande contributo al progresso matematico. Ada avviò una corrispondenza con il nostro Luigi Federico Menabrea sugli sviluppi della «macchina analitica» e in un suo articolo, pubblicato nel 1843, descrisse questa macchina come uno strumento programmabile (prefigurando il concetto di intelligenza artificiale) e formulò quello che oggi viene unanimemente riconosciuto come il primo programma informatico della storia: un algoritmo per il calcolo dei numeri di Bernoulli. Il linguaggio di programmazione Ada, promosso dal dipartimento della Difesa degli Stati Uniti, è stato cosí chiamato in suo onore.

Nel 1820 nasce a Firenze da famiglia inglese Florence Nightingale, l'infermiera britannica fondatrice del nursing moderno e la prima a proporre un'organizzazione degli ospedali da campo. Noi medici le dobbiamo tantissimo per aver gettato le basi della professione infermieristica, cuore degli ospedali moderni. A cavallo fra Ottocento e Novecento si distinguono la matematica russa Sof′ja Vasil′evna Kovalevskaja (Sonja Kowalewski), che fu anche scrittrice, e Nettie Marie Stevens, le cui ricerche sul comportamento dei cromosomi durante la divisione cellulare furono fondamentali per la genetica moderna e posero le basi teoriche e metodologiche su cui si fonderà nel 1910 il famoso laboratorio delle mosche drosofile, diretto da Thomas Hunt Morgan (premio Nobel nel 1933).

Arriviamo poi a Marie Curie, che, grazie al suo doppio Nobel (per la fisica nel 1903 e per la chimica nel 1911) e alla scoperta della radioattività, finalmente tutto il mondo conosce. E poi la nostra Maria Montessori, conosciuta piú per il suo metodo educativo che per la sua attività scientifica, e le grandi contemporanee, mie colleghe e amiche, come Margherita Hack e Rita Levi Montalcini. Dopo Marie Curie, per altri Nobel alle donne bisogna andare piú avanti negli anni: la figlia di Marie, Irène Joliot-Curie (nel 1935 per la chimica), Maria Goeppert-Mayer (nel 1963 per la fisica), Dorothy Crowfoot Hodgkin (nel 1964 per la chimica), Anna Yodath (nel 2009 per la chimica), Elinor Ostrom (nel 2009 per l'economia); e per la medicina Gerty Cori-

Radnitz nel 1947, Rosalyn Sussman Yalow nel 1977, Barbara McClintock nel 1983, Rita Levi-Montalcini nel 1986, Gertrude Elion nel 1988 e Christiane Nüsslein-Volhard nel 1995, Linda Buck nel 2004, Françoise Barré-Sinoussi nel 2008, Elizabeth Blackburn nel 2009.

Le scienziate famose che ho conosciuto di persona sono donne meravigliose. Per loro la scienza è un abito mentale: un modo di essere, di pensare e di interpretare il mondo. Con Margherita Hack condivido molte posizioni e molte battaglie contro le ideologie che soffocano la libertà della ricerca scientifica. Mi è rimasta impressa nella mente una sua frase: «L'astronomia ci ha insegnato che non siamo noi il centro dell'universo, come si è pensato a lungo e come qualcuno ci vuol far pensare anche oggi. Siamo solo un minuscolo pianeta attorno a una stella molto comune. Noi stessi, esseri intelligenti, siamo il risultato dell'evoluzione stellare, siamo fatti della materia degli astri». Ho incontrato di recente Margherita a Venezia, nell'isola di San Giorgio, dove è intervenuta a una delle Conferenze sul futuro della scienza organizzate ogni anno dalla mia fondazione. A questi incontri, che vertono sul rapporto tra scienza e società, accanto ai grandi studiosi e a diversi premi Nobel, ci sono anche molti giovani, studenti del liceo o dei primi anni di università.

Ricordo che quando Margherita finí la sua relazione scientifica sull'evoluzione del cosmo e delle stelle, fu letteralmente assediata dai ragazzi che volevano da lei opinioni dal vivo sulla scuola, sulla politica, sul futuro. È l'icona del pensiero libero e dell'anticonformismo, pensai di lei.

Altrettanto adorata dai ragazzi, ma con piú deferenza – forse per via dell'età e dell'aspetto regale da dama di altri tempi – è Rita Levi Montalcini. Anche Rita ha partecipato a una Conferenza di Venezia (sul tema *Food and Water for Life*) pochi anni fa, e quando arrivò sull'isola in motoscafo, con i suoi quasi cento anni, fu pressoché sollevata dalla barca verso il pontile dalle persone che si accalcavano sulla banchina per accoglierla. In effetti è cosí gracile e minuta che quando si muove sembra non spostare alcun peso. È una persona dolcissima, che attira la gente vicino a sé: impossibile vederla in disparte, e non solo per la presenza continua al suo fianco della fidatissima assistente, Pina Tripodi, ma perché le persone, soprattutto i piú giovani appunto, vogliono stringere le sue mani e avvicinarsi il piú possibile per dirle all'orecchio qualcosa di speciale.

Rita è sicuramente una delle donne piú amate del paese. La sua pacatezza, intelligenza e cultura le conferiscono una sorta di immunità che non è mai in discussione, neppure quando, a volte accanto a me, si è lanciata in battaglie impopolari, come quella a favore del dibattito sull'eutanasia. Noi due abbiamo molte attività in comune: ci scriviamo, ci leggiamo sui giornali, ci citiamo a vicenda, uniamo le nostre immagini e facciamo campagne insieme. Le due fondazioni hanno anche un progetto congiunto, in Africa, per vaccinare le giovani etiopi contro il virus dell'Hpv, la causa del tumore del collo dell'utero che ancora falcidia le donne in quella regione del mondo.

Se penso a figure come Rita Levi Montalcini, e a tante altre che ho citato, mi convinco sempre piú che se in alcuni campi, fra cui la scienza, le donne sono riuscite a emergere meno degli uomini (senza affrontare qui il problema che la storiografia è spesso maschilista), la ragione è sicuramente che sono meno libere. Il movimento femminista ha dato un forte contributo al raggiungimento delle pari opportunità in tutti i campi del pensiero, e di conseguenza anche nell'ambiente della ricerca scientifica, ma l'uguaglianza a cui faceva riferimento Watson quando parlava di Rosalind Franklin è ancora un traguardo lontano.

Il maschilismo nel mondo scientifico si esprime soprattutto nei tentativi sistematici di frenare la carriera delle donne. Anche le statistiche lo dimostrano e lo denunciano ogni anno: le donne si laureano di piú, prima e con voti piú alti degli uomini. In alcuni corsi di laurea scientifici piú della metà degli iscritti è donna. Poi al momento delle assunzioni nelle équipe di ricerca, la percentuale di neoassunte può anche avvicinarsi a quella dei colleghi maschi e addirittura superarla. Tuttavia basta il passaggio al secondo gradino di carriera perché le donne siano di nuovo superate dagli uomini, e piú si risale la scala gerarchica, piú il divario fra i sessi si fa ampio.

Il fenomeno è mondiale. Anche la prestigiosa rivista scientifica «Nature» nel 1999 ha pubblicato dati sconfortanti che dimostrano quanto poco le donne siano presenti nei luoghi dove si decidono gli sviluppi della ricerca scientifica e dove si decretano le linee di finanziamento. Eppure le donne sono brave, molto brave, in campo scientifico. E non solo perché sono piú «diligenti» nello studio. In particolare sono brave le nostre italiane. In occasione di un recente bando europeo, riservato ai giovani ricercatori scientifici, tra le quasi settecento proposte ritenute migliori, settanta erano progetti di ricercatori italiani – vale a dire il 12 per cento, la piú alta percentuale in Europa –, e di questi, ventun progetti erano stati presentati da ricercatrici donne: le giovani italiane sono cosí risultate prime assolute in Europa, davanti alle francesi e alle tedesche.

Ho conosciuto tante donne che hanno passato la vita con l'occhio incollato al microscopio. Creative ed entusiaste, ma anche determinate e rigorose e, molto piú spesso dei colleghi maschi, sostenute e stimolate nel loro lavoro da una motivazione che va al di là dell'ambizione personale e della ormai scontata «sfida con se stessi». Come ha scritto Rosalind Franklin, «il successo delle nostre aspirazioni, il miglioramento della vita umana, presente e futura, vale la pena del nostro impegno». Per una donna anche la ricerca scientifica può essere una forma con cui esprimere il proprio amore per la vita.

Mi viene in mente questo se penso a Maria Ines Colnaghi, che ha fatto una brillante carriera nei laboratori di oncologia molecolare al mio fianco, all'Istituto nazionale tumori, e che poi abbiamo voluto come direttore scientifico dell'Associazione italiana per la ricerca contro il cancro, la maggiore *Charity* italiana e fra le prime in Europa nel campo oncologico, che ho fondato insieme a Giuseppe della Porta piú di quarant'anni fa e che oggi finanzia oltre un terzo della ricerca oncologica di laboratorio in Italia. Oppure a Chiara Tonelli, professore di genetica all'Università di Milano, che si è dedicata al miglioramento genetico delle piante, ad aumentare la loro quantità e qualità per combattere le ingiustizie alimentari e gli squilibri di risorse nel mondo. Malgrado i suoi impegni accademici internazionali, Chiara ha accettato la carica di segretario generale del programma *The Future of Science* della mia fondazione, che grazie alla sua intelligente dedizione, è diventato con le sue conferenze annuali un appuntamento irrinunciabile di cultura, a cui partecipano, accanto a ricercatori e tanti studenti, premi Nobel, politici, imprenditori, economisti, filosofi, scrittori, giornalisti, artisti.

Anche nella mia attività di chirurgo ho voluto molte donne accanto a me, e ne ho incoraggiato la carriera. Ad esempio Viviana Galimberti ha iniziato a operare al seno al mio fianco quando era specializzanda all'Istituto tumori e oggi è ancora con me in sala operatoria, ma come direttore di Unità di senologia molecolare dell'Istituto europeo di oncologia. In un'altra specialità, la chirurgia di testa e collo, lavoro con Nicoletta Tradati, oggi direttore dell'Unità neoplasie tiroidee dello Ieo. Nicoletta è diventata non solo ottimo chirurgo, ma anche donna nella sua dolcezza cosí sicura di sé, che ha deciso di dedicare oggi metà del suo tempo alla realizzazione di un progetto di ospedale che, a San Marino, curerà i bambini gravi che non possono ricevere i trattamenti adeguati nei loro paesi di origine. Cariche direttive all'Istituto europeo di oncologia hanno in altre aree cliniche Chiara Casadio, Nicoletta Colombo e Maria Teresa Sandri. Nella ricerca biomolecolare, sono numerose le donne che hanno guadagnato spazi importanti, anche dirigenziali, nei laboratori Ieo, e le voglio ricordare come testimoni del nostro tempo: Myriam Alcalay, Maria Rescigno, Luisa Lanfrancone, Giuliana Pelicci, per citare quelle a me piú vicine.

Ma se cinquant'anni fa ero un'eccezione quando volevo le donne nei laboratori e nelle corsie, oggi per fortuna non è piú cosí. Negli ospedali le donne sono sempre di piú, e pare che fra qualche anno il loro numero sorpasserà in Italia quello dei colleghi uomini. È finito infatti il tempo in cui le giovani donne di talento erano costrette a battersi come leoni, prima per entrare in facoltà, poi per esercitare l'attività di medico o di ricercatore. Rita Levi Montalcini racconta nel suo bel libro autobiografico che alla Facoltà di medicina di Torino le ragazze iscritte erano soltanto due: lei e sua cugina.

Io credo che le donne siano in grado di portare alla professione medica qualcosa in piú, un arricchimento, non solo – come spesso viene detto – perché sono piú motivate e dedite, ma anche perché hanno uno spirito analitico che diventa prezioso e vincente nella diagnosi dei casi piú complicati. Sono tenacissime nel voler raggiungere l'obiettivo di una buona qualità delle cure e di una buona qualità della vita del paziente, cosa di cui hanno senza dubbio una percezione precisa e concreta. In questo senso mi sento di dire che il lavoro del medico è piú congeniale alla donna. In fondo, in ogni famiglia, sono le donne a svolgere il ruolo di «dottori». Il medico ha a che fare ogni giorno, ogni momento, con la vita e con la morte, e questo richiede una profonda umanità, la capacità di relazionarsi ai pazienti sempre prima di tutto in quanto persona, senza farsi annullare (ma neppure difendere) dal proprio ruolo professionale, senza diventare un alieno che non riconosce e non sa piú capire gli altri. Ciò, naturalmente, vale anche per molte altre professioni. Il mondo infermieristico, ad esempio, è prevalentemente femminile e ha una funzione complessa e fondamentale nell'ospedale perché fa da cerniera fra i medici e i malati.

Mi sono accorto, provando quasi una sorta di invidia, che c'è qualcosa nella donna che la tiene ancorata saldamente alla vita e non le fa mai perdere il contatto con chi le sta accanto. Non parlo soltanto delle persone a cui è affettivamente legata, ma degli esseri umani in genere. Questa caratteristica è un valore fondamentale nel rapporto con il paziente, soprattutto oggi che è tramontato il modello paternalistico, e quello che viene richiesto al medico è la capacità di calarsi nel vissuto del suo assistito, di capire, e dove possibile condividere, la sua percezione della malattia. Ebbene, piú spesso dell'uomo, la donna sa intuire ciò che le analisi e gli esami non possono rivelare: i pensieri di chi sta male, la sua solitudine, la sua angoscia. Questo non significa, ovviamente, abbandonarsi alle emozioni o al sentimentalismo, né tantomeno farsi trascinare nell'abisso della sofferenza altrui. Anzi, di fronte a casi difficilissimi, molte colleghe (e anche molte pazienti, in verità) mi hanno dimostrato quanto siano importanti non solo la forza e la determinazione della donna, ma anche la sua capacità di sdrammatizzare. La donna è colei che dà la vita, e non solo nell'accezione biologica della maternità: mantiene sempre una straordinaria carica vitale, ed è capace di trasferirla agli altri in caso di bisogno.

Tra i molti pregiudizi nei riguardi delle scienziate, credo sia da smantellare per primo quello che fino a poco tempo fa sbarrava letteralmente alle donne la strada della chirurgia. È falso, assolutamente falso, che la donna non possieda abbastanza coraggio e resistenza per tenere in mano un bisturi e affrontare le difficoltà della sala operatoria, o che non abbia sufficiente freddezza e capacità decisionale davanti all'imprevisto che in ogni istante può verificarsi. Oggi esistono tecnologie chirurgiche raffinate che rendono superflua la forza fisica e richiedono invece un utilizzo calibrato e delicato delle nuove apparecchiature computerizzate, e una manualità sempre piú «sottile». Cosí quei pregiudizi, già di per sé sterili, cedono di fronte all'evidenza concreta.

Non ho mai cercato di dissuadere una delle mie collaboratrici dal desiderio di fare il chirurgo, anzi le ho spesso incoraggiate a seguire quella strada, cosí come ho fatto anche con mia figlia Giulia, e confesso di provare un guizzo di felicità e di orgoglio particolare quando, all'uscita della sala operatoria, riconosco nelle espressioni delle mie colleghe, al di sopra della mascherina, una luce di soddisfazione che illumina i loro occhi. In quei momenti penso alla incredibile quantità di cose che riescono a fare, tenendo insieme la professione, la maternità, la famiglia. Lavorare, seguire la propria passione, raggiungere il proprio obiettivo, senza rinunciare alla femminilità. So bene che sto toccando un nervo ancora scoperto: «devo lavorare per quattro per dimostrare che valgo uno» è la protesta piú diffusa tra le mie colleghe, ma sono sicuro che in breve tempo non avranno piú bisogno di dimostrare nulla a nessuno, se non forse a loro stesse. Non ci siamo ancora, è vero, ma i segnali positivi adesso si vedono e il cammino sembra finalmente segnato.

Ho già detto dell'evoluzione biologica dei sessi e degli ormoni maschili che inducono all'aggressività, e di come tutto questo sia stato fondamentale perché la specie umana potesse sopravvivere ai nemici, difendersi dalle belve, combattere un ambiente ostile. Oggi però, in una civiltà come la nostra, l'aggressività è inutile, o peggio, è un handicap, perché produce distruzione, e la distruzione provoca regressione. Spesso l'uomo la esprime attraverso canali nuovi – come la violenza nei riguardi delle compagne o verso se stessi, con il suicidio. La maggioranza dei suicidi sono infatti maschili. Al contrario, gli ormoni femminili, come amo ricordare, agiscono nella direzione opposta: verso la soluzione non violenta dei conflitti, verso il dialogo e la tolleranza che sono la base dell'evoluzione e della civiltà del futuro.

Lo dico ormai da diversi anni: è in arrivo l'èra della donna. È in atto una rivoluzione silente e progressiva che non trasformerà la realtà da un giorno all'altro in modo traumatico, ma la farà evolvere lentamente. Non voglio certo ignorare il fatto che oggi, anche nel mondo occidentale, la donna è ancora discriminata (e non solo in campo scientifico), persino quando il suo diritto alla parità è ufficialmente riconosciuto. È ancora troppo spesso schiava del suo corpo, obbligata ad assumere atteggiamenti maschili per emergere, oppure costretta a subire nuove forme di sopraffazione piú sottili, come ad esempio il mobbing.

Per non parlare poi di quei paesi, non troppo distanti da noi, dove la donna fa ancora fatica ad affermare i propri diritti fondamentali, quelli che dovrebbero esserle garantiti in quanto essere umano, e primo fra tutti la libertà di pensiero e della sua espressione. In assenza di libertà, è piú difficile che si sviluppino il pensiero, la ricerca, la scienza.

Eppure certe donne ce la fanno. È in Iran che è nata e lavora Shirin 'Ebādi, avvocato dei perseguitati politici e premio Nobel per la pace nel 2003, che ho invitato e conosciuto per la prima volta alla Conferenza di Venezia del 2008 (sul tema *Food and Water for Life*) e con la quale sono in contatto costante per il Movimento Scienza per la Pace della mia fondazione.

Shirin ha fatto in quell'occasione un intervento conclusivo che ha lasciato noi scienziati e i vari economisti letteralmente senza parole per la lucidità della sua analisi e l'intelligenza delle proposte per risolvere il problema cibo e acqua nel mondo. Ricordo perfettamente la sua premessa: «Una società dove non si apprezza la partecipazione sociale delle donne, non soltanto commette una discriminazione contro le donne, ma ignora e si priva della metà del potenziale della propria società; ed è evidente che non può raggiungere lo sviluppo come un sistema sano che usufruisce di tutto il proprio potenziale sociale». E poi la sua conclusione: «So che le mie parole di oggi sembrano un sogno, però è la nostra sfida di pensare sognando, ma agire in modo realistico, sperando di consegnare alle generazioni future un mondo migliore di quello che abbiamo ricevuto dai nostri genitori».

Mi sono chiesto come riescano le donne nate in contesti di oppressione e repressione violenta ad affermarsi e a lottare per il rispetto e la libertà del proprio popolo. Accade spesso, come mi ha raccontato Shirin, che debbano affrontare e subire insulti, soprusi, arresti, ferite profonde nei loro affetti. Io credo che il segreto stia nella capacità che possiedono di rifiutare, respingere – ricacciare indietro – le provocazioni e soprattutto l'odio, e nell'avere la forza, nel riuscire a trovare la forza, di rispondere alla violenza e alla sopraffazione con la pacatezza e la ricerca di un dialogo. Riuscendo a ottenere in questo modo molto piú di quello che nessun uomo politico e nessun terrorista, con la sua aggressività irrazionale, le sue minacce e i suoi ricatti, potrebbe mai sperare di raggiungere.

E la vita sa di sale

Molti libri hanno provato a raccontare il rapporto tra le donne e il dolore. Anch'io ci sto provando proprio in queste pagine. Ma la descrizione piú vera l'ho trovata nelle parole di una donna che ha lottato contro un tumore al seno. Per me le sue parole sono piú forti di qualsiasi libro.

«Se mi guardo indietro, – ha scritto, – trovo la mia malattia fra mille frammenti di vita. Il tempo non ha il potere di cancellare questa esperienza. Se la felicità non fa riflettere sulla nostra vita, il dolore ci colpisce con violenza e ci induce a pensare a noi come esseri precari. Il dolore ci induce a guardarci allo specchio e ci dice chi siamo, il dolore a volte non è evitabile. E può diventare la spinta per trovare all'interno della tragicità un insegnamento. [...] La società ci obbliga all'efficienza, la produttività deve essere considerata una priorità rispetto a tutto, ne consegue che lo scenario della vita non è piú l'essenza della vita, gioie e dolori, ma bensí la vita in funzione del lavoro, del denaro. Chiunque non faccia parte di questo scenario per qualsiasi motivo, ne rimane del tutto fuori e ciò crea stati depressivi con disagi interiori». E poi continua: «La paura di dichiarare la malattia ci porta all'isolamento e questo è il tipico atteggiamento di chi si vergogna di non essere all'altezza delle aspettative degli altri. Io sono felice, felice di non dover dimostrare nulla, felice di potermi curare, felice di avere tanti affetti, felice di costruire ogni giorno un piccolo capolavoro, guardo al futuro con l'emozione di un'amante al primo incontro e al presente con la consapevolezza che una corsa al parco può rendere meravigliosa una semplice giornata. La malattia non deve mai essere un pretesto per essere infelici».

Porto dentro di me piú di centomila storie di dolore femminile. Cerco di custodirle: sono le storie delle donne che ho operato al seno, e di quelle – molte di piú – che ho visitato o semplicemente ascoltato per offrire incoraggiamento o conforto. Alle storie delle mie pazienti si intrecciano quelle delle loro madri, delle sorelle, delle amiche e delle figlie.

E poi ci sono le storie delle donne che non ho mai incontrato, ma che hanno deciso di offrirmi un dono prezioso: condividere con me la propria esperienza. Ogni giorno ricevo lettere ed e-mail, a volte poesie o racconti veri e propri che mi vengono consegnati in forma privata oppure condivisi attraverso il web o le pagine dei giornali. E mi accade spesso che alcune donne che non conosco mi fermino per la strada, anche solo per dirmi poche parole. Parole che sono ancora, ma questa volta per me, di incoraggiamento e conforto. Certo, si potrebbe pensare che ricevere un tale bagaglio di esperienza – di un'esperienza tanto intrisa di dolore – significhi portare un peso umanamente insostenibile. E in certi momenti, lo ammetto, è cosí. Ma non sempre, perché queste storie sono un incredibile generatore di forza interiore.

Una volta, una persona mi ha chiesto se mi fosse mai accaduto di innamorarmi di una donna che ho curato. Ho risposto che no, non mi è mai successo, ma che mi sono spesso innamorato della sofferenza che alcune di loro –

psichicamente e fisicamente – incarnavano. Può sembrare terribile, ma è proprio nei momenti di massima debolezza e fragilità, come sono quelli della malattia, che l'animo femminile mostra un potenziale piú segreto. E forse nel caso delle mie pazienti è ancora piú vero, perché la loro non è una malattia, ma *la* malattia. Anche se nel tempo ha perso, almeno in parte, le sue connotazioni di mistero, di maledizione o addirittura di punizione divina, il cancro resta il male per antonomasia: ciò che non ha un perché, che colpisce senza ragione, che nasce subdolamente dal nostro corpo per eroderlo dall'interno. Piú di ogni altra patologia, rappresenta il passaggio violento dall'ordine al caos, dalla luce della ragionevolezza al buio della paura per l'ignoto. E questo accade con piú forza (e in modo piú lacerante) per la donna, che io vedo come custode dell'armonia: armonia dei rapporti umani, dell'ambiente, della società, ma prima di tutto armonia del corpo. Del proprio corpo.

Una paziente mi ha scritto: «Nessun'altra malattia come il cancro sa mettere allo specchio le persone e non dovete meravigliarvi se tutti hanno un terrore cosí profondo del tumore. Già il suo nome porta il contrassegno del vostro giudizio: maligno. Il cancro si confronta con un tema che si annida nell'ombra piú profondamente del dolore e della stessa morte. Nessun'altra malattia è capace di mettere tanto in evidenza il rapporto fra corpo, anima, spirito e società, come il cancro».

Nella catena di reazioni che una donna prova di fronte a una diagnosi di tumore al seno, il primo anello è quasi sempre fatto di ribellione e stupore incredulo. «Un tumore... Una parola che non avrei mai voluto sentire dire! Eppure il chirurgo al mio risveglio mi stava dicendo proprio quello, – ricorda una donna in un breve racconto scritto per noi medici che l'abbiamo curata, – un piccolo carcinoma si era insediato nel mio seno anni prima e, a mia insaputa, si era esteso avendo la meglio sulle cellule sane. Pensavo di essere preparata a una notizia del genere, ma evidentemente non era cosí. La mia mente era avvolta dalla confusione e sembrava quasi intorpidita. Le parole dell'oncologa echeggiavano nella mia mente da giorni e mai ero certa del loro significato. Cominciai a pormi delle domande e la piú assidua era "Perché è capitato a me?" Poi all'improvviso tutto fu chiaro, la mia mente si era tranquillizzata e ragionava razionalmente. Non c'è un perché alla malattia, capita e basta, semplicemente perché siamo vivi. Respiriamo, pensiamo, amiamo e... ci ammaliamo».

A volte, per molte donne, l'incontro inatteso con il dolore è piuttosto afasia. Uno straniamento silente, momentaneo, un tempo sospeso nel quale scomporre le parole e i pensieri per ritrovare poi un modo per rimettere tutto al proprio posto; tutto – una volta ancora –, sotto controllo. Un modo, intimo e personale, per comprendere la novità imprevista, renderla dominabile. Il che non necessariamente significa «dicibile».

«Perché è capitato a me?» Ho visto tante volte questo pensiero nascere, farsi strada e fermarsi; a volte trasformarsi in una forza nuova. Alla presa di coscienza della malattia e al tentativo di guardarla «da vicino», segue spesso la sensazione di un tradimento. Come è possibile che quel seno che nell'adolescenza è guardato con tanta impazienza aspettando che sbocci, quello stesso seno che incanta gli uomini e nutre i tuoi figli, diventi uno strumento di distruzione, dall'interno, del proprio corpo?

«L'idea che il vostro corpo possa farvi una cosa simile è sconvolgente, – ha spiegato in un libro Susan Love del Faulkner Breast Cancer Center di Boston, – e si è ancora piú sconvolte perché non si prova alcun sintomo. È difficile credere di avere una malattia che mette a repentaglio la nostra vita, e al tempo stesso sentirsi benissimo».

In realtà ogni malattia che ci mette di fronte alla nostra natura mortale ha il potere di annientarci perché agisce sul nostro senso di onnipotenza e mina un comune e inconfessato sogno di eternità. La salute è sintonia fra corpo e mente, che si traduce in autodeterminazione: se voglio, posso. La malattia, al contrario, separa corpo e mente, crea un contrasto che si traduce in una negazione: non posso piú. Poi, per fortuna, le cose non sono proprio cosí semplici: una stessa malattia può essere vissuta e affrontata in modi molto diversi, perché la persona malata, nonostante l'aggettivo che la condanna, rimane nell'essenza ciò che era prima. «Le persone non diventano migliori o peggiori solo perché hanno un cancro», mi ha detto una volta un'infermiera. Ed è anche questa una piccola verità.

Nelle mie pazienti, ho visto quasi sempre seguire alla rabbia il bisogno urgente di risolvere, di fare, di agire subito per rimettere a posto le cose. «Il cancro è stato per me un'occasione per rimettere ordine nella mia vita, per reimpostare le gerarchie, – ha dichiarato pubblicamente una mia paziente molto nota e cara amica. – È stato un cambiamento su cui non ho mai chiuso gli occhi o voltato la pagina, né risparmiato le parole. Molto spesso le donne non parlano del proprio dramma per non vedere la pietà o la compassione negli occhi degli altri. Non pensano che in quegli occhi c'è lo specchio della propria immagine interiore. Se trasmetti una forza serena, ci leggerai la stessa forza moltiplicata per ognuno di quelli che ti stanno accanto». Ecco, in queste parole io vedo la piú grande differenza nell'atteggiamento di uomini e donne di fronte al dolore.

Si dice che chi soffre diventa «egoista», perché ha bisogno – un bisogno vitale – di concentrarsi su se stesso. È l'istinto di sopravvivenza che lo guida: le energie, fisiche e psichiche, che la malattia risparmia, si focalizzano su un unico obiettivo: restare in vita a ogni costo. Non soffrire troppo. Contro l'inerzia che spinge a lasciarsi andare, si usano le forze che restano per «tenersi insieme» e resistere. Nella mia esperienza, ho visto uomini racchiudersi nel proprio dolore fino a sprofondare. Ho visto molte donne, invece, preoccuparsi come prima cosa di non turbare, di non spaventare o amareggiare gli altri – i genitori, i figli, i parenti, i compagni. Sentire fortemente l'angoscia di non potere piú occuparsi di loro, e soprattutto di non poter essere presenti e proteggerli come prima. Ho incontrato donne che hanno deciso, ognuna a suo modo – con la propria voce o con la propria afasia –, di affrontare la propria battaglia, di combattere per non cadere, e soprattutto di prendere caparbiamente in mano la propria vita e non lasciare semplicemente che *sia*.

Tantissime donne, tra le mie pazienti, sono riuscite a relegare la loro condizione di malattia sullo sfondo di una quotidianità che resta «piena», ricca di attenzione verso gli altri e di cura verso se stesse; si sono reinventate una vita pervasa di poesia, persino di ironia. E in questo sforzo costante di prendersi cura di sé, molte hanno sentito fortissimo il desiderio di scrivere il proprio dolore.

Rileggo le centinaia di lettere, i racconti e le poesie ricevuti nel corso di cinquant'anni, e ritrovo un'intensità e una bellezza che ogni volta mi sorprende. Mi accorgo che alcune parole, alcune frasi, mi accompagnano e mi danno coraggio, e mi trovo cosí, all'improvviso, a ripensare a «come una corsa al parco può rendere meravigliosa una semplice giornata».

Spesso l'amore per la vita trova una strada per prevalere sul dolore. Lo raccontano benissimo le parole di una donna operata al seno: «La tentazione è forte: abbandonarsi su un divano può essere una soluzione. Non uscire, non alzarsi nemmeno per mangiare: fare in modo che il mondo ti giri intorno, ma che non sia necessario fare, frequentare, telefonare... Insomma lasciare che il destino disponga di te. [...] Sí, ci pensi a mollare. A lasciarti andare, dare le dimissioni, dormire un anno di fila, non parlare, a nasconderti: pensieri che ti travolgono i primi tempi, quando il futuro assume contorni sfumati. Ma la vita è strana, sorprendente e piú forte di te. Dopo un primo istante di smarrimento, inspiegabilmente reagisci. Mettersi a letto e sparire? Non lo fai. [...] Insicurezza? Paura? Non ci stai e allora invece di far la malata ti viene di fare "la persona sana", molto sana, piú sana di chiunque altro. Abbandonare il lavoro? Non lo fai, perché là riesci a distrarti e non pensi piú al maledetto stomaco in subbuglio... E la femminilità? Che farne? Chiuderla in un cassetto e riparlarne – forse – dopo qualche anno? Un altro rifiuto sgorga da dentro come un'eruzione vulcanica: ti trucchi come prima. Non modifichi l'abbigliamento, non ti arrendi alla tuta informe. La scollatura ti mortifica, allora scopri le gambe. Frivola e superficiale? Forse: ma tutto questo occuparmi di aspetti secondari mi ha distolto da pensieri cupi e tristi, convincendomi che c'è ben altro oltre al vomito, alla morte, al dolore. Ha fornito un alibi per vivere. Restano i controlli: so che avrò sempre paura, ma di una cosa sono certa: in ospedale andrò con le forcine nei capelli, mascara a profusione, e tacchi a spillo». Stessa forza d'animo che dimostra un'altra paziente quando scrive che è stata colpita dalla malattia a trentanove anni, «quando andavo come un treno». Nonostante le operazioni, il dolore, la paura, l'esposizione del proprio corpo a nuove visite, a ferite, cure, cicatrici, dice: «scrivo e dipingo e amo. E la vita sa di sale».

È innegabile che la donna abbia una straordinaria capacità di affrontare il dolore a viso aperto, di sfidarlo e di farne, a volte, uno strumento di crescita personale. Io credo che molte donne sappiano riconoscere, meglio e prima degli uomini, il dolore come parte di loro e come momento irrinunciabile della propria storia. È nella natura: per realizzare la sua funzione biologica primaria, la procreazione, la donna deve provare dolore. Il dolore fisico del parto è uno dei piú forti, e anche la gravidanza migliore comporta uno stravolgimento del corpo. Ma quale donna non vuole un figlio solo perché ha paura di soffrire? Anzi, oggi, con il calo della fertilità, le donne sono pronte a sottoporsi a cure che alterano il loro equilibrio ormonale e a pratiche invasive, pur di diventare madri.

Eppure ci sono almeno due casi in cui la donna, davanti al dolore della malattia, può sentirsi stanca e quasi annientata: quando ha paura di non essere piú desiderata o di non desiderare, e quando ha paura di restare sola.

Una paziente molto giovane ha scritto dei versi che mi hanno fortemente emozionato, nei quali racconta uno struggente «desiderio del desiderio»: «Sarà la penombra a velare il mio seno e il rossore del volto quando saremo vicini. Osserverai le mie ferite? O farai finta di nulla... le sfiorerai con le dita? Percorrerai le crepe dell'anima? O chiuderai gli occhi aggrappandoti al sogno? [...] Nell'ombra mi sfiora la tua mano. E sorrido. Sotto la pelle, batte allo stesso modo il cuore».

La sensualità e il desiderio rappresentano nella malattia dei simboli di speranza e di rivincita della vita sulla morte sfiorata. Eppure capita spesso, anche alle pazienti che non hanno dovuto subire un intervento mutilante e la cui malattia non è «grave», che la loro sessualità venga stravolta, a volte distrutta. Non è solo il caso dei tumori: durante la cura di una malattia importante, il corpo è sempre profanato, esaminato, percorso, invaso dal contatto di mani estranee o da macchine. Può accadere allora di non sentirlo piú come parte della propria identità e della propria intimità. A questo si aggiunge il problema della comunicazione; anche se la sessualità è un problema profondo e reale per la paziente, è allo stesso tempo uno degli argomenti piú difficili da affrontare: qualcosa su cui le donne preferiscono non fare domande e su cui i medici preferiscono non dover dare risposte. E ancora piú difficile è parlarne con il proprio compagno, che si sente spesso impreparato; non vuole far finta di niente, e insieme ha paura di sbagliare. Bandita dal dialogo piú spesso di quanto si creda, la sessualità diventa territorio di isolamento.

La progressiva solitudine della persona malata, ho imparato nel tempo, è uno degli aspetti piú crudeli delle grandi malattie. Lo descrive molto bene una nostra paziente nelle poche intensissime righe che ha scritto in occasione di un incontro all'Istituto europeo di oncologia, in cui abbiamo chiesto alle donne operate al seno di raccontarci la loro esperienza. «La solitudine entra dentro di te. Non la senti arrivare. Ma giorno dopo giorno senti dentro un vuoto che non riesci a fuggire. La senti quasi tua amica che ti ascolta e ti consola. E ti abbandoni in un mondo tuo. E nessun altro ti ascolta e ti capisce. Le parole sono un'eco. Tu ti dai forza per cacciare la solitudine. Ma lei è sempre accanto a te. E tu le porgi le tue mani e ti abbandoni a lei».

Quando la malattia irrompe nella nostra vita ci sentiamo impotenti, sottratti all'universo che un tempo ci apparteneva – quello dei «sani» – e gettati in un altro, parallelo e spaventoso. Improvvisamente siamo diversi – ci manca qualcosa, o abbiamo qualcosa in piú –, e si insinua il dubbio che gli altri possano non riconoscerci, e soprattutto che non ci possano piú capire.

Ha scritto un'altra paziente dell'istituto: «È un'esperienza dolorosa, ma c'è una cosa importante che si può fare ed è parlare, parlarne, non con chiunque, ma con le persone che sono disposte ad ascoltare e parlare anche di altro, del sole che splende o della pioggia che scende... Ma parlare, non isolarsi, mantenere costantemente contatti con gli altri». Ha talmente ragione: comunicare è importante, e per quanto mi riguarda il primo che deve imparare a farlo è chi ha il compito doloroso di mediatore nell'impatto con la malattia: è il medico, sono io.

Ho dovuto dire a migliaia di donne «Signora, lei ha un cancro», e piano piano ho capito che oltre alle parole contano i gesti, lo sguardo, la capacità di trasmettere empatia. Ma insieme ho scoperto quanto è difficile. Perché se dopo la scoperta di avere un tumore la prima domanda che fa il paziente è «quanto vivrò e come», l'unica risposta che il medico deve dare è: «non posso dirlo». La diagnosi oggi è sempre certa e bisogna comunicarla con chiarezza, ma la prognosi è sempre incerta e bisogna comunicarla con speranza. Curare non significa solo trattare scientificamente una patologia, ma avere cura di una persona, condividere (per quanto lo permetta una differenza che c'è, e che non deve e non vuole diventare finzione) la rabbia, la gioia, l'angoscia, la paura. E la speranza, appunto.

È come in un sistema di vasi comunicanti: se un medico riesce a mettersi subito a disposizione del paziente per condividere con lui il peso psicologico della malattia, è piú facile che la stessa condivisione avvenga anche nell'ambito dei rapporti piú intimi del paziente, e poi anche in quello dei rapporti sociali piú estesi. Ed è piú facile che siano condivise le cure, le diagnosi mediche, le insopportabili attese e le aspettative irrinunciabili.

Ho lottato da sempre contro il dolore, attirandomi anche le ire di molti. Alcune malattie provocano un forte dolore fisico, ma bisogna aver sempre presente che è un male che si può controllare, diminuire, quasi annullare, grazie alla chirurgia o a un adeguato uso dei farmaci. Un'affermazione di questo genere non era possibile cinquant'anni fa, quando il dolore era considerato da molti medici una complicanza seccante ma in qualche modo necessaria che metteva il dito nella piaga dell'impotenza della medicina; e dai pazienti era vissuto come una conseguenza inevitabile di malattie e interventi, e da alcuni, anzi, come una catarsi dal valore salvifico.

Mi sono battuto per dimostrare il contrario. Non c'è nulla di buono nel soffrire e non esiste una giustificazione universale del dolore; eppure negli ospedali, fino a pochi anni fa, il diritto a non soffrire non era preso in considerazione, e solo una minoranza di strutture era attrezzata per trattare il dolore in modo efficace. Cosí, insieme a pochi altri pionieri come Vittorio Ventafridda, ho percorso la strada tribolata delle cure palliative e della liberalizzazione dei farmaci oppioidi antidolorifici, un processo che ho avviato come ministro della Sanità nel 2000, e che solo adesso è arrivato alla piena attuazione. È un progresso reale, un grande passo avanti, ma sulla cultura dei medici c'è ancora molto da lavorare: farmaci e interventi possono controllare il dolore, ma solo il dialogo lenisce la sofferenza. Nell'èra della medicina tecnologica, che offre a tutti i nuovi medici strumenti di intervento straordinari, ciò che fa ancora la differenza è proprio l'umanità. Non si diventa grandi medici se non si impara a comunicare con i pazienti. E sono cose, queste, che nessuna università e nessuna specializzazione insegna.

Mi viene in mente il passo di un libro, *Mi vanno a fuoco i piedi*, che Luciana Arcaro ha scritto a neppure trent'anni e in cui immagina un dialogo fra lei e il primario del reparto dove è curata per tumore: «A che ora sei arrivato stamattina, alle otto, alle nove? Ora sono quasi le tre del pomeriggio e sei ancora qui. Non esci mai? Pensi sempre ai malati? Di cosa ti piacerebbe parlare, oltre che di questo inferno che cerchi di alleviare tutti i giorni?»

Comunicare una diagnosi significa generare una sofferenza: da quel momento l'amore è parte integrante della cura. In questo senso io mi sento di poter dire che ho amato tutte le mie pazienti. E che da tutte loro ho ricevuto amore.

Madri

Essere madre è un pensiero che credo sfiori la mente di ogni donna nell'arco della sua vita. Avere un figlio può essere un desiderio fortissimo, anche se a volte inconsapevole, e dopo una malattia diventa spesso una volontà robusta e tenace. Non dimenticherò mai quello che mi disse una paziente, anni fa: «Dal mio cancro al seno ho imparato molto piú su di me che in anni di psicoterapia. Sono piú sicura di ciò che sono, piú capace di chiedere e accettare consolazione; ho scoperto che posso venire a patti con il mio essere una creatura mortale. Ho messo in discussione tutto il mio nucleo profondo, la mia femminilità e la mia sessualità, e ora sento di volere un figlio. Sono una stupida ottimista, professore?» Fui molto colpito – per questo cito le sue parole – dalla sua lucida coscienza dell'essere donna oltre la malattia; ma, in forme diverse, molte altre pazienti hanno espresso la stessa esigenza e la stessa consapevolezza.

Dopo un momento difficile, dopo una malattia, la voglia di maternità si manifesta con forza. E non si tratta solo di un meccanismo di compensazione, solo della volontà di riaffermare saldamente la vita davanti al fantasma della propria morte, come invece avviene ad esempio con il sesso (tante donne sentono molto forte il desiderio di fare l'amore quando ancora sono nel letto dell'ospedale): no, il desiderio di un figlio è tutt'altra cosa.

Il corpo umano è un organismo armonico, perfettamente concepito perché sia parte del disegno biologico dell'universo, in grado di rispondere ai grandi imperativi inscritti nel Dna di tutti gli esseri viventi: conservarsi, riprodursi, morire. Dal concepimento all'allattamento, passando per i nove mesi di gravidanza e il parto, il corpo della donna è il luogo della procreazione per eccellenza. La biologia femminile tende alla maternità, e questa tensione influenza ogni aspetto della femminilità. Ecco perché, per qualsiasi donna, tutto ciò che ruota intorno al suo essere o non essere madre conta molto: conta per la comprensione del suo modo di essere e di pensare, conta per la diagnosi e la cura delle malattie.

Certo, educazione, cultura e stili di vita sono determinanti, ma la maternità, anche quella negata o mai desiderata, mi appare come un *fil rouge* che collega le diverse epoche di una storia femminile. Individuale e collettiva.

Le storie di maternità sono cambiate molto nei miei cinquant'anni di professione medica. Se sfoglio mentalmente le cartelle cliniche delle mie pazienti, si compone poco a poco una nuova figura di madre: le donne hanno pochi figli – o nessun figlio –, hanno la prima gravidanza in età sempre piú avanzata, spesso sostituiscono l'allattamento al seno con quello artificiale. E compaiono, anche, molte interruzioni di gravidanza. Anzi, se mi sforzo di trasformare le storie in statistiche, posso dire che quasi il 50 per cento delle mie pazienti ha vissuto un'interruzione di gravidanza nell'arco della propria vita (interruzioni «spontanee» nella maggior parte dei casi, ma anche «volontarie»).

Ho ascoltato decine di migliaia di racconti di maternità negate, interrotte, volute a ogni costo e perdute. Basta davvero sentire le voci di queste donne per scegliere naturalmente di stare al loro fianco, in prima linea, a lottare sui temi che riguardano la difficoltà e la libertà della donna di essere madre. Ho gioito per loro, con loro, quando l'aborto è stato legalizzato con la legge 194; mi sono messo in gioco personalmente, pochi anni fa, perché attraverso la fecondazione assistita fosse tutelato anche nel nostro paese il diritto a essere madri, soprattutto per le donne piú deboli: quelle che per motivi economici non possono permettersi di andare all'estero per i cosiddetti «viaggi della fertilità», o quelle che piú corrono il rischio di mettere al mondo figli affetti da malattie genetiche. E che la donna abbia imparato a vivere la maternità non solo come un dono, ma anche come una scelta consapevole che comporta doveri – che nessuno nega – e diritti – che pochi riconoscono –, a me pare segno di uno straordinario progresso civile. Ho già detto che la donna è, rispetto all'uomo, piú «adatta» in senso darwiniano, piú civile e meno aggressiva, destinata a un ruolo sempre piú importante nelle società. Di questa situazione la donna ha preso atto negli ultimi decenni, anche grazie ad alcune scoperte in campo scientifico e tecnologico che le hanno fornito gli strumenti per sottrarsi al suo millenario asservimento: tra questi, ad esempio, la pillola anticoncezionale. L'introduzione della pillola, consentendo alla donna di scindere il rapporto sessuale dalla gravidanza, ne ha valorizzato il ruolo e ha posto una pietra miliare nella storia femminile. Oggi una donna può scegliere liberamente di amare un uomo e fino a che punto amarlo, ed è libera di decidere insieme a lui – dunque sua pari – se avere un figlio oppure no. Tutto ciò rappresenta per me un'evoluzione positiva del rapporto fra i sessi, e per questo mio manifesto entusiasmo sono stato spesso accusato di essere uno «scientista», promotore di una cultura anti-vita. Un uomo che va contro la vita e che sostiene donne snaturate, egoiste e cattive. E torno a essere bersaglio di attacchi durissimi a ogni risveglio del movimento antiabortista che serpeggia nel nostro paese.

Eppure io sono contro l'aborto. Tutti lo siamo, credo: non c'è persona che non sia *idealmente* contraria all'interruzione di gravidanza, perché è un atto contro natura (nel senso che si oppone all'imperativo genetico della riproduzione, di cui parlavo poco sopra) e perché produce conseguenze traumatiche dal punto di vista psicologico. Ma condannare l'aborto con una legge, renderlo illegale, non impedisce che gli aborti avvengano. Gridare allo scandalo non basta a evitare che una donna si trovi in circostanze tali da dover rinunciare ad avere un figlio. Non tutte hanno accanto un uomo che le rispetta e non tutte hanno i mezzi economici e culturali per affrontare una gravidanza. Non possiamo rifugiarci nei discorsi sulla gioia dell'essere madre e sulla meraviglia della nascita di una nuova creatura, e fingere che non esistano quelle donne disperate che abbandonano i neonati nei cassonetti della spazzatura. Ci sono persone per le quali la vita è dolore e miseria, persone che hanno conosciuto una violenza cosí profonda da non poter concepire di donare (ma forse, in questo caso, sarebbe meglio dire infliggere) a un'altra creatura una simile esistenza. Se una donna è privata di speranza al punto di non desiderare un bambino, troverà comunque un modo per non averlo, e se un medico e un ospedale non la accoglieranno finirà nelle mani sbagliate. L'aborto volontario è un evento grave, ma l'aborto clandestino è una tragedia: per questo offrire a una donna l'opportunità di abortire in modo legale e controllato corrisponde alla scelta del «male minore». E allora, all'interno di questo male minore, la modalità della pillola RU486 – che ho sostenuto sin dai primi accenni alla possibilità di una sua introduzione in Italia – è la scelta migliore, perché è quella meno dolorosa per la donna. Ed è qui che ricevo le critiche piú spietate. Come se discutere sul modo con cui viene eseguita un'interruzione di gravidanza avesse a che fare con la libera decisione di una donna di avere o non avere un figlio. Mi sembra quasi banale ripetere ancora che l'essere madre è una pulsione biologica che appartiene a ogni donna, ed è la realizzazione piú appagante dell'io femminile. Come si può pensare che si possa influenzare o favorire la scelta di una rinuncia, soltanto rendendola meno traumatica dal punto di vista fisico, sostituendo il bisturi con un farmaco? Come si può sottovalutare cosí una donna, minimizzare a tal punto il suo amore e il suo dolore? Certo, potranno verificarsi casi limite di donne che usano l'interruzione di gravidanza al posto del contraccettivo. Come l'esperienza estrema di Irene Vilar, quarantenne portoricana, oggi madre felice di due bambine, che in un libro-shock ha confessato di aver abortito 15 volte in 17 anni. Si intitola *Scritto col mio sangue* e racconta una storia di gravidanze interrotte non per povertà o paura, ma per reazione patologica all'atteggiamento di un marito che «diceva che avere bimbi uccide il desiderio sessuale». Cosí lei «dimenticava» di prendere la pillola per restare incinta, e poi abortiva per non farsi lasciare. Ma l'abuso esiste per qualsiasi categoria di farmaci, e in questo caso si tratta appunto di esperienze limite, che rasentano la follia.

La verità è che per la donna l'aborto è un lutto e – cosa che lo rende ancora piú drammatico – un lutto difficilmente comprensibile da chi ti sta intorno. Anche io devo ammettere di aver raccolto dalle mie pazienti le prime esperienze di aborto (per lo piú spontaneo o terapeutico) come un evento clinico, anche se di grande rilevanza psicologica, in quanto legato alla maternità, per me sempre sacra. Con il tempo ho intuito però che è qualcosa di piú e ho trovato illuminante in questo senso il libro di Judith Lasker, una docente americana di sociologia e antropologia e madre di un figlio perso prima della nascita: *When Pregnancy Fails*. Judith ha raccontato che quando la sua bambina nacque morta, l'infermiera le disse: «Sarebbe stato peggio se avesse avuto cinque anni». «Certo aveva ragione, – racconta Judith, – ma io non mi sono chiesta cosa era peggio o meglio: dal momento in cui avevo scoperto di essere incinta avevo aspettato quella bambina viva e sana e quella bambina non era nata».

In realtà l'atteggiamento dell'infermiera, spiega Judith, è quello di molti: «"Non conoscevi questo bambino, perciò non è una vera perdita, basta che resti incinta di nuovo". Anch'io la pensavo cosí, ma posso dirvi che, nonostante siano passati molti anni, a volte mi capita ancora di piangere la mia bambina. Anche se la gente che ti vuole bene e i medici ti dicono "ne avrai un altro e tutto andrà benissimo" non potrà mai andare tutto benissimo».

In realtà, la perdita che una donna sente è reale, fa parte di lei. E le parole che le vengono dette, per cercare di aiutarla e consolarla, spesso fanno ancora piú male. Perché sono sempre e comunque esterne. Quello che veramente succede è che, se non ci si può mai piú sentire benissimo, con il tempo alcune donne si sentono «molto meglio». È quello che è successo a Judith, che già aveva un figlio prima di quello perso e poi ne ha avuto un altro, ritrovando un suo equilibrio, almeno da quanto appare dalla sua intensa attività scientifico-didattica e di scrittura per il grande pubblico, che ancora continua.

È cosí evidente che le donne che si avvicinano silenziose all'interruzione volontaria di gravidanza portano dentro di sé il dramma di una decisione lacerante che non avrebbero mai voluto prendere. È per loro che la pillola RU486 è stata studiata, approvata – prima dall'Organizzazione mondiale della sanità e poi dall'Ente europeo per il controllo sui farmaci –, e quindi introdotta progressivamente in tutta Europa e negli Stati Uniti alla fine degli anni Novanta. A volte ho l'impressione che quelli che si accaniscono contro la legalità dell'interruzione di gravidanza, quelli che nelle corsie d'ospedale gridano «assassina» alla donna che si prepara a rinunciare a un figlio, abbiano avuto troppo poche occasioni di vivere sulla propria pelle cosa può fare invece una donna per essere madre, e una buona madre.

In ogni discussione sull'aborto, bisognerebbe tenere sempre presente che la finalità della legge 194 era quella di ridurre gli aborti clandestini e non di promuovere il principio che interrompere una gravidanza sia «giusto e buono». Si trattava cioè di spostare l'obiettivo da una cultura punitiva a una cultura preventiva. E i fatti ci hanno dato ragione: il numero di aborti è drasticamente diminuito e il «mercato nero», tradizionalmente legato alla criminalità, è scomparso. Si è confermato cosí il modello che si applica a ogni forma di proibizionismo: il vietare non ha alcun valore educativo, non riduce il fenomeno che si proibisce e rafforza il potere criminale. L'alternativa al proibizionismo non è la permissività ma la legalità, una posizione che offre il massimo in termini di «libero arbitrio»: chi ha autentiche convinzioni religiose, non sceglierà mai l'aborto solo per il fatto che è legale. È vero, d'altro canto, che l'applicazione della 194 ha ancora oggi dei punti deboli. Uno dei punti di applicazione della legge era infatti quello dell'informazione e dell'educazione per la prevenzione dell'aborto, ma troppo poco è stato fatto in questo senso. Occorrerebbe potenziare la diffusione dell'educazione sessuale e della conoscenza dei metodi anticoncezionali, nel rispetto della multiconfessionalità e multietnicità della nostra comunità attuale. La pillola anticoncezionale non dovrebbe essere demonizzata, ma favorita, e non sarebbe male sottolineare piú spesso che previene anche il carcinoma ovarico. Il preservativo, che difende da molte malattie veneree e infettive (prima fra tutte l'Aids), dovrebbe essere considerato un elemento integrante del rituale del rapporto sessuale, e un segno di rispetto e di amore nella coppia, soprattutto in quella occasionale. Non ci sono dubbi: se si vuole evitare l'aborto bisogna mettere in atto delle misure preventive che consistono nell'uso corretto delle pratiche anticoncezionali, ed è necessario diffondere una maggiore conoscenza e un maggior senso di responsabilità, soprattutto da parte di noi uomini. Condivido l'affermazione fatta ormai parecchi anni fa dal professor Paolo Quartararo, primario di ostetricia in Sicilia: «consiglio alle giovani donne di portare sempre nella borsetta una confezione di preservativi e di chiedere al partner, in modo gentile ma fermo, di usarli. Non è un comportamento da ragazza *permale*. Anzi. È il segno della consapevolezza che ogni giovane donna deve avere del diritto di essere garantita da gravidanze indesiderate e di salvaguardare la propria salute».

Sono tante le madri che hanno lasciato il segno nella mia esperienza di medico, ma ricordo una figura in particolare, incontrata nei primi anni della mia professione: la giovane mamma di un bimbo affetto da una grave sindrome di Down. Quella donna amava il suo bambino con una forza quasi selvaggia, e questo amore le conferiva una capacità sovrumana di affrontare le difficoltà – che non erano poche, e che furono immediatamente di piú e piú terribili quando si ammalò di tumore del seno: al dramma della malattia si aggiunse l'angoscia per il futuro del bambino, che viveva in totale simbiosi con la madre. È in quel momento terribile che io l'ho conosciuta, e sono stato travolto dalla sua straordinaria voglia di guarigione. Certo, tutte le pazienti vogliono guarire, e per tutte le madri che si trovano ad affrontare una diagnosi di cancro la prima preoccupazione concreta riguarda il futuro dei propri figli, specie se molto piccoli. Ma per quella ragazza era ancora diverso: il suo bambino fragile e dolcissimo era del tutto dipendente da lei, e se lei non ce l'avesse fatta difficilmente lui sarebbe sopravvissuto. Quando questo legame cosí intimo e imperscrutabile fu prematuramente reciso, perché non riuscimmo a salvarla, mi sentii due volte impotente: nei confronti della madre, e nei confronti del bambino. Nessuno nella sua famiglia era in grado di occuparsene; fu messo in istituto e poco tempo dopo morí. Caddi in uno sconforto cosí profondo da mettere in crisi la mia stessa vocazione di medico. Fu un periodo molto difficile, umanamente e professionalmente. Ancora oggi mi chiedo cosa mi abbia aiutato a superarlo. Penso che sia stata fondamentale quella specie di schizofrenia che coglie chi, come noi medici, si trova tanto frequentemente a contatto con la morte. Indossiamo sul viso la maschera della convivialità – per rassicurare, incoraggiare, dare speranza – e portiamo dentro il nichilismo del testimone impotente di fronte alla tragedia.

Anche nei reparti di oncologia si può combattere la battaglia per la maternità. Fino a pochi anni fa, l'aborto era un dogma intoccabile nel caso di tumore mammario, e ho lottato con tutte le mie forze e le mie competenze per dimostrare scientificamente che una gravidanza a termine non fa male, né durante né dopo la malattia; anzi, in qualche caso, potrebbe avere anche un valore protettivo.

Mi sono impegnato a trovare le tecniche terapeutiche che permettono di non interrompere la gravidanza, e posso dire con un po' di orgoglio che queste ricerche hanno reso possibile la nascita di centinaia di bambini e la felicità di altrettante donne, che altrimenti avrebbero sofferto un doppio dramma, quello – inevitabile – della malattia e quello – inutile – della mancata maternità. Una paziente ha voluto raccontare cosí, in uno scritto rivolto al figlio, la sua storia: «L'indomani del test di gravidanza avevo appuntamento da un senologo. Fino a venti giorni prima non conoscevo l'esistenza di questa specializzazione. Pensavo, al limite, che fosse una forma particolare di perversione. Poi avevo percepito un corpuscolo estraneo nella mia mammella sinistra e la ginecologa mi aveva subito spedito a fare un'ecografia e poi una mammografia. Il senologo era allarmatissimo e ha trascritto sulla scheda "sospetta gravidanza". Un po' poliziesco ma efficace. Mi ha subito spiegato che le due condizioni, tumore e gravidanza, erano per lui incompatibili. Sono andata da un secondo senologo, con la mia gravidanza e il mio tumore... lui sembrava tranquillo. [...] Il ventisette dicembre ecografia ostetrica e ago aspirato. Feto unico vivo. Carcinoma infiltrante, linfonodi positivi. Sono un caso urgente. Il senologo mi pone due alternative: gravidanza e mastectomia, oppure no gravidanza e quadrantectomia. Il tre gennaio ho pianto, il quattro gennaio ho pianto. Anche il cinque gennaio ho pianto. E tu, pesciolino delle mie acque interne, eri scomparso dal mio orizzonte. Il sei gennaio papà ha preso una decisione cruciale: ha scritto a Milano. A Milano c'è un istituto specializzato. Io non avrei scritto e a ogni modo non ci avrei scommesso. A Milano ho incontrato due medici. Il primo mi è parso un po' ruvido ma si è conquistato la mia simpatia: "Ma che mastectomia, con questo seno enorme”. Evviva le mie forme eccessive! Subito riabilitate. Il secondo mi ha spiegato che il tumore si può affrontare in gravidanza, persino la chemioterapia si può fare, se necessario. Il venticinque gennaio ero a Milano per l’intervento. Ricordo solo che mi hanno preparato, disteso, anestetizzato... mi ha svegliato un infermiere quando il tumore non c’era piú. Io volevo constatare che tu nuotassi ancora nelle mie acque interne. È venuta una dottoressa dal reparto di ginecologia – avevo tanto insistito perché ci visitasse – e ci ha fatto un’ecografia. Tu c’eri, pesciolino, e il tuo cuore batteva, ma non nuotavi. Sarà stata l’anestesia? Il giorno dopo ti ho visto guizzare sullo schermo dell’ecografia e mi sono sentita meglio. Oggi ho affrontato un nuovo colloquio con il dottore di Milano. Ho portato nuove analisi ed ecografie. A suo parere stiamo bene entrambi. Dopo il parto, anticipato, affronterò le terapie. Stavolta senza di te. Il dottore mi è sembrato soddisfatto del mio stato di salute ma mi ha anche detto che la malattia è imprevedibile. Cosí tra gli imprevisti, sono arrivata a oggi e mi sono trovata a scrivere questa storia... senza finale, perché il finale, come la vita, è aperto. Solo questo ho il privilegio e la presunzione di aver imparato».

Come è accaduto a questa giovane paziente, sempre piú donne possono oggi essere madri anche in presenza di una malattia grave. All’Istituto europeo di oncologia abbiamo creato un’unità con medici dedicati, che si occupano specificamente di studiare e applicare le nuove strategie per preservare la fertilità. Una prova in piú, dunque, che è attraverso l’informazione e l’educazione, attraverso il sapere insomma, che si combattono i mali. L’ignoranza, al contrario, genera paura, e la paura ci fa facilmente cadere in balia di chiunque ci prometta di liberarci dai nostri spettri.

La cultura della maternità esiste e ha un grande valore

personale e sociale. Paradossalmente, coloro che sono contrari alla legalizzazione dell'aborto e che fanno capo a movimenti pro-vita e pro-gravidanza, sono contrari anche alla fecondazione assistita, una pratica che è indiscutibilmente a favore della vita e della gravidanza. Una posizione, la loro, tanto piú difficile da sostenere adesso che s'impone in modo drammatico il problema dell'infertilità in tutti i paesi evoluti, compreso il nostro. Si calcola che l'infertilità colpisca il 15 per cento della popolazione e sia in netto aumento in tutto il mondo occidentale. Una donna su sette, dicono le statistiche, consulta il medico per problemi di infertilità, condizione che in un caso su tre è da attribuire a un problema della donna (32 per cento), in uno su cinque a problemi dell'uomo (20 per cento), nel 40 per cento dei casi a entrambi i componenti della coppia, mentre per il restante 8 per cento la causa rimane ancora sconosciuta. Sicuramente l'aumento dell'infertilità è in buona parte dovuto all'età sempre piú avanzata degli aspiranti genitori, ma questo non basta a spostare l'asse del problema: è impensabile tornare indietro nel tempo a quando le ragazze avevano la prima gravidanza intorno ai vent'anni e avere dieci figli era del tutto normale. Dobbiamo prendere atto che il modo in cui la società intera è strutturata fa sí che una donna decida di diventare madre dopo i trent'anni (e presto si arriverà a trentacinque), e dunque non possiamo che adattarci a questa evoluzione, e fare in modo di garantire le condizioni migliori perché la maternità possa comunque realizzarsi nonostante i maggiori rischi – che alla maternità tardiva sono purtroppo legati – per la salute del bambino e della madre. È evidente a questo punto quanto sia importante, soprattutto per le prossime generazioni, riprendere il dibattito sulla legge italiana che attualmente regola la fecondazione assistita. Dopo il referendum del

2004, invece, la discussione si è assopita. Nessuno dice piú a voce alta che è una legge che scoraggia chi ha problemi di infertilità. Per nostra fortuna, come è successo anche di recente in altre occasioni e su altri temi, nel nostro paese la magistratura ha saputo fare un passo avanti rispetto alla politica, e nel 2009 la Corte costituzionale ha dichiarato l'illegittimità di quei punti che rendevano la legge 40 rigida e arretrata: il numero di embrioni impiantabili, il divieto di congelamento degli embrioni soprannumerari e lo stop alla diagnosi pre-impianto. Resta irrisolta, però, la questione della fecondazione eterologa, il nodo piú controverso.

«Non mi importa che mio figlio o mia figlia mi somigli, che non abbia il mio naso o i miei occhi. Crescerà dentro di me per nove mesi, lo partorirò, e quello sarà mio figlio perché l'ho cercato, voluto e cresciuto con amore», dichiara ai giornali Maria, trentacinque anni, decisa a portare la sua storia in tribunale pur di ricevere un'ovodonazione e avere un figlio con Stefano, il suo compagno di trentotto anni. Ma in Italia l'articolo 4 della legge 40 sancisce il divieto assoluto di diventare genitori con l'aiuto del seme di un donatore o dell'ovocita di una donatrice: è il tabú del «terzo sconosciuto» che viola la sacralità della coppia. Eppure in alcuni casi questa è l'unica soluzione possibile, e penso che il desiderio di maternità giustifichi strategie che vanno ben oltre la fecondazione eterologa.

Ho vissuto da vicino, ad esempio, un caso di «utero in affitto», la cosiddetta maternità surrogata, ed è apparsa ai miei occhi come una storia di grande amore. Ero molto amico di due sorelle, una delle quali non poteva avere figli. Allora l'altra, compiendo un gesto di solidarietà straordinario, le offrí il suo utero per portare a termine una gravidanza. Nacque una bimba che ebbe due madri, una biologica e una genetica, e ricevette un amore profondo che riuniva in sé i legami affettivi tra madre e figlia, zia e nipote, sorella e sorella. Le maternità surrogate non sono eventi rari e neppure esclusivamente legati ai tempi moderni. Basti pensare al baliatico, cioè l'usanza di far allattare il proprio figlio da un'altra donna per i primissimi anni di vita: molto diffusa e pienamente accettata fino a metà del secolo scorso, era una forma di delega di maternità molto spinta. Prima che la propria madre biologica, il neonato imparava a conoscere la balia – sentiva il suo profumo, il suo calore, la sua voce –, e riconosceva come genitore colei che lo nutriva, lo cullava e cantava per lui: strappare un bambino dalla sua balia era ogni volta uno strazio, ma nessuno pensava che non fosse etico. Oggi, invece, in Italia non accettiamo che, grazie a un gamete donato, un figlio sia concepito e si sviluppi nel grembo di una madre che lo partorirà, lo nutrirà e lo crescerà. Possiamo voltare la testa dall'altra parte e far finta di non sentire i numeri del cosiddetto «turismo procreativo», fingere di non vedere che chi se lo può permettere non si fa certo scrupolo a varcare un confine e raggiungere le cliniche in cui le condizioni per la fecondazione in vitro sono piú favorevoli.

Possiamo convincerci che sia un problema che riguarda una minoranza, e che dunque possa essere ignorato. Oppure possiamo allargare l'orizzonte dello sguardo e provare a immedesimarci in quelle donne e quegli uomini che oggi non possono diventare genitori, e poi provare a immaginare il futuro, il domani delle nostre figlie e delle nostre nipoti, e chiederci cosa potrà voler dire, per loro, fare i conti con il desiderio di diventare madri. Tutti rispettiamo l'impegno per sostenere la procreazione naturale, tutti vorremmo poter aver figli senza ricorrere all'aiuto della medicina, ma ci sono due fattori che non possiamo ignorare: da una parte l'aumento inarrestabile dell'infertilità nel mondo evoluto, dall'altra la crescita demografica incontrollata nei paesi emergenti. La sfida culturale che sottende al ragionamento sulla maternità, dunque, è la ridefinizione del ruolo della donna. Il principio dell'autodeterminazione, alla base delle scelte cruciali che spettano alle nostre donne – soprattutto alle piú giovani –, presuppone conoscenza e coscienza. Conoscenza del proprio corpo e della propria mente, oltre che delle possibilità che la medicina offre per migliorarle; e coscienza dei valori che permettono a ogni donna di applicare la conoscenza acquisita alle scelte da compiere, senza paure e senza l'influenza di retaggi che derivano da secoli di predominanza maschile. Credo moltissimo nella possibilità che le giovani generazioni siano in grado di dare forma a questa ridefinizione. E quando qualcuno prova a scoraggiarmi, imputandomi un eccesso di ottimismo, mi piace citare l'esempio delle api.

Sono irresistibilmente affascinato dal mondo delle api, dal loro linguaggio, dal loro volo che è insieme una danza e un modo di comunicare, da come producono miele delizioso succhiando il polline dei fiori, dall'architettura perfetta del loro alveare. Ma soprattutto mi affascina l'idea che, per una qualche ragione «darwiniana», i loro maschi – i fuchi – sono esseri «inferiori» che hanno il solo compito di fecondare e poi morire, e che l'unica femmina dell'alveare, la regina, sia il centro, l'inizio e la fine dell'intera società. E dell'intera loro vita. In natura non c'è traccia di un'ipotetica «legge della supremazia del maschio», esiste invece il modello di una comunità perfetta che ruota intorno alla capacità procreativa femminile. E un motivo, mi dico, ci sarà.

Piacere da condividere

Quando ero bambino, se non mi comportavo bene o avevo combinato qualche marachella, la punizione era senza discussione: andare a letto senza cena. E non si trattava di una strategia particolare improvvisata da mia madre; allora accadeva piú o meno lo stesso in tutte le famiglie. Strettamente connesso ai concetti di benessere economico, salute e piacere, un tempo il cibo era prima di tutto una conquista e un premio a fronte di un buon comportamento.

Mezzo secolo dopo, il valore è già capovolto. La disponibilità del cibo è cosí sovrabbondante e la spinta al consumo cosí forte che succede l'esatto contrario: è il bambino che per ottenere ciò che vuole ricatta la famiglia minacciando di non mangiare. Ma è necessario fare molta attenzione, qui il terreno è assai scivoloso. Può darsi infatti che quel «ciò che vuole» sia l'ennesimo capriccio, un gioco piú costoso o il permesso di stare alzato fino a tardi; ma può darsi anche che, qualche volta, si tratti di un bisogno molto profondo, una richiesta di approvazione e di amore.

Il rifiuto del cibo diventa allora una punizione nei confronti di chi non si accorge di nulla e quell'amore non lo concede. O, peggio ancora, una punizione nei confronti di se stessi, perché incapaci di meritarselo.

Ho vissuto molto da vicino il dramma legato al cibo di una ragazza di diciotto anni. L'ho vista precipitare nel baratro dell'anoressia e non dimenticherò mai la sensazione di sconforto profondo provato di fronte a una giovane donna che giorno dopo giorno realizza con lucidità e determinazione, sotto gli sguardi impotenti di chi la ama, un vero e proprio suicidio.

L'ultimo anno del liceo la sua vita era ridotta a una battaglia ostinata fra il desiderio di eccellere e la paura di fallire, tra il disprezzo degli altri e il terrore di non essere amata. Era molto brava in tutto: una ragazza modello a cui mancava però la dolcezza. Era bella e aveva un corpo sinuoso e scattante, anche grazie a una pratica ossessiva degli sport, in cui primeggiava sempre.

Malgrado questo, senza che riuscissimo a spiegarcelo, ha iniziato una dieta, ferrea e assoluta come ogni cosa che faceva. «È dura, – ci raccontava, – ma vedere l'ago della bilancia che oscilla incerto e poi torna indietro è gioia pura».

Poco importa, poi, se quei chili non li perdeva dalle cosce o dai glutei, che secondo lei erano enormi, ma andavano a svuotare piano piano i segni della sua precoce femminilità e le sue forme appena sbocciate. Pazienza se la fame era fortissima, pazienza anche per il ciclo mestruale interrotto e per l'energia che non bastava piú, e pazienza se con la scusa della noia aveva abbandonato tutte le competizioni sportive. Pazienza se il ragazzo l'aveva lasciata e le discussioni con la mamma erano cosí feroci che ogni tanto la vedeva piangere: l'importante era provare sempre quella gioia incontenibile di dimagrire ancora e ancora.

Perché l'anoressia, contrariamente a quanto si pensa, è proprio questo: non è assenza di fame, ma è invece una voglia smisurata di mangiare, associata alla paura di non potersi controllare e di non riuscire a smettere. E se si cede, bisogna subito liberarsi di quella sconfitta e di tutte le sue tracce, espellere quel cibo subito. Anche se questo comporta prima dolore e disgusto, e poi ancora fame.

Circa l'1 per cento delle nostre adolescenti si ammala di anoressia nervosa, un altro 2-3 per cento di giovani donne si ammala di bulimia, un disturbo che, come è noto, porta prima ad abbuffarsi con grandi quantità di cibo e, successivamente, a tentare di liberarsene, provocandosi vomito e dissenteria.

Non è ancora del tutto chiaro in che modo nascano e si sviluppino questi disturbi. Alcuni studi fanno riferimento a cause genetiche, altri parlano di fattori che interverrebbero a livello neurologico ancora nel grembo materno e nei primi anni di vita. Probabilmente entrambe le ipotesi sono in parte vere, ma quel che è certo è che sulle adolescenti di oggi influiscono molti fattori esterni, sociali e culturali, che complicano i conflitti interiori profondi. In tempi di emancipazione femminile, il fascino sessuale continua a essere ossessivamente interpretato in riferimento a modelli di bellezza per niente emancipati e liberi, ma invece rigidissimi. Soprattutto per quanto riguarda il peso.

Al tentativo di conciliare tante pretese, almeno teoriche, si somma lo spirito di competizione e la difficoltà di adattare il carattere affettivo e intuitivo dell'intelligenza femminile con quello rigoroso e deduttivo dell'intelligenza maschile. Le adolescenti sono messe a dura prova: si sentono incapaci, soverchiate, sopraffatte dalla loro stessa vita. Ed ecco perché le diete, ad esempio, diventano promesse allettanti di riappropriazione. La dieta ha un effetto psicologico straordinario: permette di sperimentare l'euforia del controllo. E la maggiore soddisfazione è data dal fatto che questa disciplina ha dei risultati immediatamente tangibili.

«Se sono bassa non posso farci nulla, – ho sentito dire da una giovane amica, – ma con la forza di volontà posso arrivare a morire per non essere grassa».

Il controllo sul cibo diventa controllo sul proprio corpo e poi controllo (presunto) sulla propria mente: la sensazione è quella di avere un grande potere su di sé, e la propria autostima aumenta.

Il cibo, dunque, è uno strumento di ribellione, e rifiutarlo significa compiere un gesto disperato ma attivo. Per quanto possa cambiare il valore culturale che gli è attribuito, esiste sempre un ordine simbolico connesso all'alimentazione, rappresentato dal tipo di cibo e dalle pratiche della sua assunzione, che si declinano nel tempo e nel contesto geografico e sociale. Non solo siamo ciò che mangiamo, ma il cibo è il nostro legame primario con l'ambiente esterno a noi, e dunque ha, per ciascuno, un'inconscia valenza psicologica, persino spirituale.

Da sempre, ad esempio, l'assunzione (o la non-assunzione) di cibo è connessa con il concetto di purezza. Nelle religioni monoteistiche il digiuno è una pratica molto comune, che serve a elevarsi dalla trivialità del mondo e ad avvicinarsi alla perfezione celeste. Nella religione cristiana molte sante e beate digiunavano per congiungersi allo Sposo divino. In fondo, nel Medioevo come oggi, le giovani donne esprimono la paura di non corrispondere a un ideale: un tempo era quello spirituale della santità, oggi è quello fisico della magrezza.

Due anni fa, dopo le morti ravvicinate di alcune modelle malate di anoressia, la deputata francese Valérie Boyer ha proposto una legge contro l'incitamento all'anoressia, stabilendo pene che vanno da multe molto salate fino a tre anni di prigione. L'assunto è che il canone estetico imperante fra le modelle diffonda il mito «magro è bello», e che possa essere una spinta verso il tunnel della malattia. A me sembra una soluzione semplicistica e pericolosa. Innanzitutto perché potrebbe punire persone che desiderano rimanere magre (senza entrare nella spirale dell'anoressia) e poi perché distoglie l'attenzione dalla vera causa dell'anoressia, risultato di conflitti psicologici profondi.

Combattere l'anoressia sulle passerelle dell'alta moda significa senza dubbio tenere alta l'attenzione dei mass media sui disturbi dell'alimentazione, e insieme sensibilizzare l'opinione pubblica, ma non esaurisce il problema. Il dramma dell'anoressia ha radici molto piú profonde, come abbiamo detto: nella percezione del sé, nel livello di autostima e nei rapporti familiari in fase infantile che li rispecchiano. Ciò che è importante sapere, e ciò che tutti – i familiari ma anche gli insegnanti, gli amici, i medici – devono capire bene, è che in quasi tutti i casi di disturbi alimentari una terapia adeguata e tempestiva può salvare la vita. Ignorare il problema e convincersi che non si tratti di una malattia solo perché il cuore non si è ancora fermato, può trasformare la vita di una ragazza in una tragedia quotidiana, indegna di essere vissuta.

Purtroppo invece, quello che accade di frequente è che le persone anoressiche o bulimiche non ricevono attenzione e cura finché non sono in pericolo di vita. I centri specializzati nella cura medica di queste patologie oggi sono presi d'assalto da un numero crescente di ragazze che hanno alle spalle anni di terapie inadeguate e quintali di farmaci. Ed è spesso troppo tardi. Per questo è fondamentale un'informazione capillare sui disturbi alimentari, che solleciti un'attenzione profonda da parte delle madri, dei padri, dei medici. E per questo è importante parlare con le donne del loro rapporto con il cibo: non è un dettaglio banale, mai, ma soprattutto non cadere nel ricatto dei bambini «allora non mangio perché siete cattivi» e mantenere costante il principio che il cibo è un premio.

Può sembrare azzardato, ma io credo che il nostro rapporto con il cibo sia in qualche modo rappresentativo di quello che abbiamo con noi stessi e con il mondo che ci circonda.

Per me il cibo è amicizia, rimanda al calore umano e ha un fortissimo valore conviviale. Mangio soltanto se sono in compagnia: preferirei digiunare per giorni piuttosto che trovarmi di fronte a un piatto in solitudine. Il cibo per me non è solo un premio, ma è un piacere da condividere; anzi, è un piacere che esiste solo se condiviso. Amare un piatto speciale fa scattare un'affinità che molte volte si rivela anche un'intesa intellettuale o emotiva. Non arrivo a dire che è come amare lo stesso scrittore o la stessa poesia, ma è un segnale di intesa fra persone, che può continuare anche ben oltre la tavola. Ad esempio, esagerando naturalmente un po', io adoro gli asparagi con burro e parmigiano e quando incontro qualcuno che condivide con me questa «passione», sono quasi sicuro che ne diventerò amico. Altro grande rivelatore di intese è il vino. Sono un sostenitore di un consumo moderato di vino per la protezione della salute (il resveratrolo contenuto nel vino ha un effetto protettivo nei confronti di alcuni tumori) e anche per il suo valore simbolico. Il padre che versa il vino ai figli è una celebrazione dei legami familiari e dei valori che si tramandano, e un atto di condivisione affettuosa insostituibile.

Ho sempre apprezzato anche il classico bicchiere di prosecco come aperitivo, e una volta questo piccolo piacere ha cambiato la mia vita. Era l'autunno del 1949 ed ero al quinto anno di medicina, con i miei compagni di università prendevo un aperitivo al bar di via Pacini, a Milano. Ero un po' appartato e davanti al mio bicchiere stavo pensando che era arrivata l'ora di trovare un ospedale e iniziare a far pratica. Il saluto di Leo mi richiamò alla realtà. Leo prese anche lui un bicchiere di bianco, e si sedette vicino a me. Era un imprenditore teatrale di trentacinque anni che era anche collaboratore del professor Pietro Bucalossi, direttore della Chirurgia dell'Istituto nazionale tumori. Mi chiese: «Che fai solo e pensieroso?» Gli spiegai che mi rendevo conto che era ormai ora che decidessi cosa fare della mia vita, scegliendo dove svolgere il tirocinio. «Potresti fare pratica da Bucalossi, l'istituto è vicino a casa tua...» Lo sapevo bene, ci passavo davanti tutte le mattine in bicicletta, sin dai tempi della scuola elementare. L'ho raccontato molte volte: mi pareva un lazzaretto e certo non mi ha mai attirato, né da bambino né da universitario; ma possedeva un che di familiare che non ho mai saputo spiegare. Qualche giorno dopo, ero nello studio di Bucalossi: io avevo venticinque anni, lui quarantaquattro. Ricordo che mi guardava sospettoso mentre gli parlavo dei miei obiettivi e delle mie ambizioni, ma alla fine accettò la mia candidatura e sono convinto ancora adesso che lo fece piú per la fiducia in Leo, scopritore di talenti artistici, che in me. Bucalossi divenne mio maestro nella professione e nel pensiero, e io rimasi all'Istituto tumori di Milano per quarant'anni, diventandone direttore.

Se credessi nel destino, il mio destino sarebbe quell'aperitivo in via Pacini.

Se dunque il cibo è amicizia e compagnia, anche per questo sono un sostenitore del «pasto unico», che per me è la cena, consumata insieme a familiari e amici come fosse ogni sera una piccola festa. Celebro la fine della tensione dura e continua della giornata, una tregua nel dolore nel quale sono costantemente immerso. E proprio perché il cibo rappresenta il mio legame positivo con la vita, capisco per contrasto la ragazza che rifiuta – attraverso il cibo – l'unione con un mondo che non la capisce e che a sua volta la rifiuta.

Sono un vegetariano convinto, è anche questo un tratto caratteristico del mio legame personale con il cibo. E consiglio sempre a chi me lo chiede una dieta vegetariana. Io sono vegetariano per motivi etici, prima ancora che per motivi di salute, e mi batto contro l'incoerenza: chi ama gli animali, non li mangia. Gli animali da cascina sono stati i miei primi compagni di giochi da bambino, e ho preso presto coscienza che tutti i mammiferi sono evoluti, sono intelligenti, ti riconoscono, ti seguono, ti amano, sono nevrotici, sono gelosi, hanno una quantità di comportamenti quasi umani. In natura poi non c'è una gerarchia fra un vitello o un agnellino e un gatto o cane, e dunque se ci sentiamo amici del nostro cucciolo di casa, non capisco come possiamo ad esempio ingoiare serenamente l'abbacchio.

Quando si avvicina la Pasqua rabbrividisco al pensiero che un capretto o un agnellino sia fatto nascere per essere massacrato al momento giusto, quando la sua carne è morbida perché ancora succhia il latte materno.

Buona parte del mondo femminile la pensa come me: in Italia si stimano sette milioni di vegetariani e il 70 per cento sono donne. Negli Stati Uniti la fondamentale posizione della Ada (American Dietist Association) a favore della dieta vegetariana, è stata sostenuta decisamente dai medici donna. Inoltre, sono sempre piú numerose le vegetariane per motivi di responsabilità sociale. La maggior parte di noi non è neppure sfiorata dall'idea che ci sia una relazione stretta fra ciò che c'è nel nostro piatto e ciò che manca nell'alimentazione di una persona del Terzo mondo. Invece basta rendersi conto che decine di migliaia di esseri umani poveri muoiono ogni giorno per mancanza di cibo e allo stesso tempo quasi altrettanti muoiono per eccessi alimentari. Questo squilibrio assurdo fa pensare che bisogna agire non solo a livello politico ed economico mondiale, ma anche sul comportamento dei singoli e delle famiglie, per arrivare a condividere, oltre che una scienza, un'etica della nutrizione. Ogni anno 40 milioni di persone muoiono per fame e circa 15 milioni di bambini a causa della malnutrizione. Secondo gli ultimi studi disponibili 840 milioni di persone soffrono di denutrizione cronica nel mondo. Un miliardo di persone non ha accesso a fonti di acqua potabile e, nei prossimi decenni, fino a due terzi dell'umanità soffriranno di scarsità d'acqua, particolarmente in aree con poche precipitazioni e densa popolazione, come l'Africa e il Sudest asiatico.

Una delle ragioni dell'iniqua distribuzione di cibo e acqua va individuata proprio nelle abitudini alimentari dei paesi piú ricchi e in particolare con l'elevato consumo di carne. I prodotti agricoli a livello mondiale sarebbero in realtà sufficienti a sfamare tutti, se venissero equamente distribuiti, e soprattutto se non fossero in gran parte utilizzati per alimentare gli animali da allevamento. Lasciatemi dire alcune cifre. Ogni anno 150 milioni di tonnellate di cereali sono destinate a bovini, polli e ovini, con una perdita per le popolazioni che nei cereali trovano la principale fonte di sostentamento. Inoltre, per produrre la stessa quantità di cibo, l'allevamento intensivo consuma 70 volte piú acqua della coltivazione (per una tonnellata di carne bovina occorrono circa 32 000 metri cubi d'acqua, mentre per una tonnellata di cereali ne bastano 450). E l'acqua è una risorsa «finita» da tutelare sul Pianeta. Non solo: la stessa estensione di territorio produce oltre dieci volte piú proteine se coltivata a cereali e leguminose per il consumo umano che se destinata a pascolo o a coltivazioni per la produzione di mangimi. Un graduale aumento della cultura del «mangiare vegetale» appare quindi la condizione necessaria per porre fine a questi ingiusti squilibri, oltre a essere un'ottima soluzione per mantenerci in salute.

Questo non significa che dobbiamo sentirci in colpa ogni volta che ci sediamo a tavola, ma che dovremmo acquisire un minimo di coscienza, come tanti di noi stanno già facendo.

Per molte donne (e per un numero sempre piú crescente di uomini) cucinare è relax, è creatività e, per tutti, mangiare, oltre che la soddisfazione di un bisogno, è anche un momento di allegria, a volte di gioia pura: perché incupire allora questa serenità, questo momento conviviale, gettandovi l'ombra della sofferenza degli animali? Soprattutto quando la natura ci offre un'infinità di risorse per sbizzarrire la fantasia e per soddisfare il gusto e persino l'estetica, senza dover pagare alcun prezzo di sangue.

Come ha scritto Marguerite Yourcenar, una delle scrittrici che amo di piú: «Mangiare carne è digerire le agonie di altri esseri viventi. Gli animali hanno propri diritti e dignità come te stesso». È un ammonimento che suona quasi sovversivo. Facciamoci allora sovversivi: contro ignoranza, indifferenza, crudeltà.

Nelle conversazioni varie e appassionate con le mie pazienti e le mie amiche, ho scoperto che piace molto alle donne l'ipotesi che il cibo con cui modellano il proprio corpo possa racchiudere anche un valore etico, di coscienza di solidarietà verso la vita e l'ambiente. È piacevole, e dà anche un po' di sollievo, sapere ad esempio che eliminando semplicemente le carni – o riducendo molto il loro consumo – si può mantenere il piacere della tavola, farsi del bene e al tempo stesso compiere un'azione di solidarietà. In fondo le raccomandazioni da seguire per un'alimentazione sana sono semplici: la prima è mangiare poco. Ho sempre insegnato ai miei figli ad alzarsi da tavola con ancora un poco di appetito. Nei paesi civilizzati tendiamo a mangiare molto di piú di quanto il nostro corpo abbia bisogno e cosí facendo ci esponiamo inutilmente ai rischi collegati all'alimentazione. Il principio è semplice: meno cibo, meno malattie.

La seconda è limitare i grassi di origine animale, a favore della frutta e della verdura, che non solo non sono dannose, ma hanno addirittura un effetto protettivo nei confronti di alcune malattie gravi, come certe forme di cancro.

La terza è non abusare degli alcolici, anche se, come ho già accennato, un bicchiere di vino al giorno non solo non fa male, ma è salutare. Va aggiunto che qualche concessione alla golosità non è un problema: è la sistematicità che conta. Per esempio io sono un estimatore del cioccolato, conosco ogni sfumatura del suo gusto e quando trovo una varietà particolare e originale, penso che posso mettere da parte, per una volta, il senso della misura.

Il vegetarianesimo dunque ci far stare bene, risponde al bisogno femminile di amore globale, e allo stesso tempo al dovere morale di rispettare tutti gli esseri senzienti, sensibili, capaci di sofferenza. Come osserva Jeremy Bentham, primo filosofo del vegetarianesimo, nei confronti degli animali «la domanda da porsi non è: "Possono ragionare?" o "Possono parlare?", ma: "Possono soffrire?"».

Non voglio con questo dire che l'amore per gli animali è solo femminile, ma piuttosto che è tipico degli animi «gentili» in senso dantesco, profondi e sensibili. Anzi, se penso a qualcuno che mi ha colpito, o forse stupito, per questo amore, mi viene in mente un uomo, giornalista e scrittore. Lo accolsi a colazione un'estate nella mia casa dell'Argentario, perché desiderava realizzare un libro-intervista. Raccolse i contenuti in un solo pomeriggio, tenendo acceso il suo registratore mentre, seduti davanti alla finestra aperta sul mare, parlavamo di scienza e filosofia, del bene e del male, della fede, dei poteri politici ed economici. Ricordo però che a un certo punto sembrò ritrovare improvvisamente la cognizione del tempo; interruppe il discorso e si alzò quasi di scatto scusandosi e dicendomi che doveva assolutamente andare via. Provai a insistere chiedendogli di rimanere per cena perché mi avrebbe fatto davvero piacere, ma non ci fu nulla da fare. «Mi scusi, – gli chiesi a questo punto incuriosito, – ma cosa le mette questa fretta improvvisa?» «Vede, professore, io a casa ho un coniglio domestico e se non torno in tempo per prendermene cura di persona, potrebbe soffrire molto. Molti non lo capirebbero, ma a lei lo posso dire».

Infatti lo capivo, e la mia stima e la mia simpatia per lui diventarono piú grandi.

Capaci di volere

«Un uomo che non frequenta donne dimentica che hanno di superiore la volontà. Un uomo non arriva a volere quanto una donna, si distrae, s'interrompe, una donna no. [...] Un uomo che non frequenta donne è un uomo senza. Non è un uomo, e basta, nient'altro da aggiungere. È un uomo senza». A queste parole profondamente vere, scritte da Erri De Luca in *Il peso della farfalla*, aggiungerei un'altra considerazione: della volontà superiore delle donne spesso non si accorgono nemmeno gli uomini che invece le frequentano.

Io posso dirmi fortunato: nella mia vita ho scoperto molto presto la forza della volontà femminile, e questa consapevolezza non mi ha piú abbandonato. Anzi, con il passare degli anni, nelle tante situazioni difficili con cui mio malgrado ho dovuto fare i conti – penso alla morte di mio padre, alla guerra, alla lotta professionale contro una malattia che sembrava invincibile, all'impegno civile di oggi – non ho fatto che ricevere conferme e manifestazioni di questa forza. Eppure, qualche volta, continuo a stupirmi.

L'ultimo esempio è la vicenda di Eluana Englaro e di suo padre, Beppe, che ho conosciuto e al quale mi sento legato da una forte compassione – nell'accezione greca di «condivisione del dolore» – oltre che da un sincero affetto. Quasi tutti hanno interpretato la storia della ragazza di Lecco – caduta in stato di coma vegetativo permanente a causa di un incidente d'auto quando aveva vent'anni, e mantenuta in vita artificiale per altri diciassette finché il padre ne ha ottenuto l'interruzione – come una battaglia tra sostenitori e detrattori della vita artificiale.

Pochi hanno capito invece che quella di Eluana è una storia di volontà: quella volontà che lei decisamente espresse ai genitori e agli amici quando, vedendo un suo coetaneo entrato in coma irreversibile, disse: «Io non voglio finire cosí». Purtroppo anni fa l'esistenza di uno strumento come il Testamento biologico – il documento in cui si dichiarano le proprie volontà riguardo i trattamenti ai quali si può essere sottoposti in caso di perdita di coscienza – era poco nota, e dunque Eluana non mise mai per iscritto queste sue parole. Eppure deve essersi espressa in modo cosí forte e deciso da convincere il padre a intraprendere una battaglia giuridica pubblica perché questo suo volere fosse rispettato quando, inaspettatamente, la situazione che lei temeva è diventata realtà.

Ma cosa, se non un amore totale – quell'amore che si esprime prima di tutto con il rispetto per la volontà della persona amata –, può spingere un padre, distrutto dal dolore per il lutto peggiore che un uomo possa subire, a intraprendere un calvario legale ed emotivo per sottrarre sua figlia a quel destino che lei non voleva? Per quale altra ragione Beppe Englaro avrebbe dovuto aggiungere sofferenza a sofferenza, sopportare l'appellativo di assassino, vedere gente sconosciuta sfilare in fiaccolata e ascoltare le dichiarazioni di uomini pubblici pronti a salvare Eluana, come se lui, suo padre, la volesse davvero uccidere? Beppe Englaro voleva solo onorare la decisione della propria figlia, e ha sentito talmente forte questo dovere paterno, da farne anche una battaglia civile. Una battaglia civile per il rispetto della volontà dell'individuo in nome della Costituzione italiana, e non contro la vita artificiale in nome di un qualche trattato di scienza o di bioetica.

Ho ricordato molte volte sui giornali che Beppe avrebbe potuto scegliere di vivere il suo dramma nell'ombra, come avviene in tanti casi; invece ha scelto l'agorà, ha scelto di presentare alla comunità la sua storia, ha reso trasparente ogni suo passo, attribuendo cosí un significato sociale a una tragedia familiare.

Del caso di Eluana Englaro si è discusso in tutte le famiglie italiane, argomenti da sempre considerati inavvicinabili sono stati messi sul tavolo e generazioni diverse vi si sono confrontate. Certo, in molti casi la complessità del tema non è neppure stata sfiorata, ma il dibattito è aperto e il silenzio è infranto. Per arrivare a regolamentare le questioni che hanno a che fare con la fine di una vita, occorrerebbe però riflettere sul principio di responsabilità, riesaminare le sensibilità collettive, ridisegnare il quadro etico nel quale si svolgono i rapporti umani.

È da trent'anni che mi interrogo su come si possa rendere possibile una tale trasformazione culturale, e certamente a innescare la riflessione ha contribuito la storia di un'altra donna: Janet Adkins, una cinquantenne americana colpita da una malattia degenerativa. Janet è un'insegnante e una musicista; sta suonando il flauto quando si accorge che la sua memoria mostra segni di cedimento. Non riesce a ricordare le note, a tenere il tempo, insomma non è piú in grado di svolgere quell'attività che è il centro della sua stessa vita. La diagnosi è categorica, Alzheimer, e Janet sa che quella parola significa progressivo, inesorabile decadimento della sua mente. Confida ai familiari il suo proposito di togliersi la vita e ottiene un sofferto consenso. Poi, nel timore che il deterioramento mentale possa privarla della capacità di commettere il suicidio, contatta Jack Kevorkian, un patologo che è tra i primi negli Usa a schierarsi a favore dell'eutanasia e che anni dopo diventerà famoso come il «Dottor Morte». Non sarà direttamente Kevorkian a causare il decesso, ma la stessa Janet, che, grazie a un dispositivo collegato a una flebo e a una siringa, potrà somministrarsi autonomamente la sostanza letale. Janet sceglie il giorno, Kevorkian le inserisce l'ago in vena, e fa partire un'infusione di soluzione fisiologica. La donna ha accanto alla sua mano un bottone rosso, che permette di sostituire il rilascio di acqua salina con un forte antidolorifico e, un minuto esatto piú tardi, con cloruro di potassio. Quando si sente pronta, Janet lo preme. Dopo cinque minuti il suo cuore non batte piú.

L'episodio ha sollevato negli Stati Uniti un grande dibattito sul suicidio, sull'eutanasia attiva (che avviene attraverso un atto eseguito materialmente dal medico o dal malato stesso) e sull'eutanasia passiva (che corrisponde alla sospensione dei trattamenti che mantengono in vita una persona). Al di là dei problemi etici e giuridici, che meriterebbero una trattazione a parte, della storia di Janet mi ha colpito il modo in cui si è impegnata perché il suo suicidio fosse prima di tutto un atto privo di violenza e di dolore (Janet, ho immaginato, non avrebbe mai usato una pistola o una lama), e perché comprendesse anche la decisione sul momento esatto in cui porre fine alla sua vita. Un modo di andarsene lucido, consapevole, accettato e persino condiviso – per amore – dai suoi familiari. Nel concludere la sua esistenza Janet ha scelto la strada della responsabilità, della coscienza e del coraggio. Non c'è viltà nel gesto di chi si uccide cosí. Può essere, anzi, persino un'espressione di rispetto: verso se stessi, perché non si vuole perdere la propria dignità; ma anche verso le persone piú care, scegliendo di proteggerle dallo sgretolamento della propria vita.

Non c'è viltà, io credo, nelle donne, non esiste o è molto rara. Quando una donna arriva a una decisione, per un ideale, per dolore o per amore, difficilmente arretra di fronte alle conseguenze. E forse è proprio grazie ai miei incontri cosí ravvicinati con il mondo femminile che ho sviluppato un rispetto profondo per il diritto all'autodeterminazione dell'individuo, la cui libertà di scelta è per me un principio intoccabile.

Trovo non solo illecito, ma disumano imporre a qualcuno un comportamento che vada contro la sua volontà, qualunque essa sia. Anche se è una volontà di autodistruzione, anche se il mio istinto personale a salvare le persone e la mia missione professionale di farle vivere meglio e il piú a lungo possibile mi spingono nella direzione opposta. Se una donna malata di cuore rimane incinta e sceglie di portare avanti la gravidanza anche a costo di mettere in pericolo la propria vita – ed è una storia vera, che ho vissuto da vicino –, se per questa donna è piú importante il suo bambino che la sua sopravvivenza, i medici non possono fare altro che rispettarne la volontà, anche se tutte le condizioni farebbero propendere per un aborto terapeutico.

È stato per settimane sulle prime pagine dei giornali italiani il caso della donna siciliana che rifiutò di farsi amputare una gamba, divorata dalla cancrena, andando incontro a una fine sicura. Niente e nessuno riuscí a farla desistere dalla sua decisione: per lei la vita senza gamba era peggiore della morte.

Quando i miei pazienti mi chiedono di osservare certe regole prescritte dalla loro religione durante un intervento chirurgico (ad esempio, come ho già ricordato, evitare le trasfusioni di sangue, se il paziente è un Testimone di Geova), io le osservo, anche se non le condivido e neppure lontanamente le concepisco.

Spiego cosí ai miei pazienti e ai miei amici, che ancora si stupiscono, il mio impegno a favore del Testamento biologico e le mie aperture all'eutanasia: difendo la libertà di decidere per sé e ammiro la volontà di perseverare nelle proprie decisioni. Anche quando la società non le capisce, o le condanna. Un dilemma che mi sono posto spesso nella mia vita riguarda l'antitesi che si può creare in alcuni casi fra valori della comunità sociale e della comunità familiare: «Viene prima lo Stato con le sue leggi o prima la famiglia con i suoi legami affettivi?»

Naturale che venga in mente il dilemma di Antigone, l'eroina della volontà, una figura femminile che mi colpí già quando ero uno studente di liceo, la protagonista di quella che considero la piú affascinante tragedia di Sofocle. L'ho riletta poi da uomo adulto, e ogni tanto ancora torno a riflettere su alcuni passi. Nel contrasto fra la giovane Antigone, che sfida le leggi dello Stato per seppellire suo fratello (ancora una volta un atto di amore) pur sapendo che sarà condannata e uccisa, e il re Creonte che le intima di non toccare la salma per non infrangere palesemente la legge che riguarda tutti i cittadini, c'è lo scontro fra i diritti dell'individuo e le regole della collettività. Ha ragione Creonte nell'esigere fedeltà alle regole dello Stato, o fa bene Antigone a ribellarsi e pretendere la sepoltura di Polinice? Nell'opera greca nessuno dei due si salva: muore Antigone che si impicca in una caverna qualche attimo prima di essere salvata, si uccidono per il dolore il figlio che la amava e poi la moglie di Creonte, e al re, solo, non resta che augurarsi che la fine arrivi presto anche per lui, cosí da essere liberato dal suo carico di sofferenza. Ho sempre pensato, però, che in qualche modo Sofocle ci voglia schierati con Antigone nella strenua difesa del suo legame di sangue e della sua personale anarchia.

Con questo non voglio dire che le donne sanno lottare solo per loro stesse o per i loro affetti piú intimi, come se fossero esclusivamente «grandi madri»: è un equivoco che è pesato su di loro per secoli, contribuendo a tenerle lontane dalla vita pubblica; ed è, soprattutto, un alibi maschile. La verità è che le donne sanno applicare la stessa determinazione a salvare un uomo, a educare un figlio, a difendere un'idea, a portare a termine un progetto, a convincere una comunità o un paese intero.

Nel 1971 gli Stati Uniti vararono il National Cancer Act, un piano di investimenti nella ricerca sul cancro che è stato spesso paragonato al programma Apollo: se la Nasa aveva portato gli americani sulla luna, era possibile anche sconfiggere il cancro. Il gruppo che riuscí a far approvare dal Congresso di Washington quest'atto storico, faceva capo a una donna, Mary Lasker, moglie del filantropo Albert Lasker, al quale è intitolato un importante premio per la medicina. Mary, insieme ad alcuni altri americani illuminati, si rese conto che la spinta scientifico-tecnologica statunitense si stava allontanando troppo dai bisogni urgenti della biologia e in particolare della lotta al cancro, e decise di formare una lobby con l'obiettivo, molto difficile nell'epoca della trionfale corsa allo spazio, di indurre il Congresso a destinare piú fondi alla lotta ai tumori. Ci riuscirono, non senza critiche feroci prima, durante e dopo l'approvazione del piano. Il Cancer Act non ha raggiunto risultati risolutivi, come invece si sperava, ma ha esercitato un enorme peso culturale a livello internazionale. Uno dopo l'altro, tanti altri paesi hanno investito in una ricerca che fino ad allora era stata considerata «perdente in partenza». In Italia, ad esempio, il progetto finalizzato allo sviluppo di nuove terapie è stato varato nel 1978 sull'onda dell'impegno americano. Si sono visti effetti anche nel resto d'Europa, in Giappone, in Australia: fu un influsso stimolante per la ricerca mondiale.

Nel campo dei tumori femminili, l'impegno sociale delle donne è stato ancora piú determinante. Sempre negli Stati Uniti, la National Breast Cancer Coalition, un movimento composto da comuni cittadine, ottenne dal governo che parte delle spese militari fossero devolute alla lotta al cancro del seno. Su questo modello ho voluto fondare negli anni 80 Europa Donna, movimento di opinione femminile per la lotta contro il tumore del seno, che ha svolto negli anni una fondamentale azione di sensibilizzazione della pubblica opinione di lobby politica.

E va sottolineato che le donne non hanno lottato solo per loro e le loro figlie: sono state e sono tutt'oggi in prima linea per la difesa dei diritti umani, soprattutto per quelli dei piú deboli. A combattere contro il razzismo, l'intolleranza, l'ingiustizia sociale, la fame, la guerra, la violenza, troverete sempre le donne. Se c'è un principio civile e sociale per cui lottare, fa capo alla loro immensa forza di volontà.

Nel campo della salute è presto detto: l'ospedale senza le donne non esisterebbe. Non mi riferisco solo alle donne medico ma a tutto il personale. La loro dedizione al malato e l'attitudine a prendersi cura delle persone, insieme a una professionalità ineccepibile, sono caratteristiche essenziali: lo erano ieri per le suore, lo sono oggi per le infermiere. La perfetta combinazione di altruismo e determinazione che ritrovo in tante donne mi lascia stupito e ammirato, anche dopo piú di cinquant'anni di vita ospedaliera.

Nel 2009 mi è stata data l'opportunità di presiedere in Val d'Aosta la giuria del Premio internazionale Donna dell'anno: un'esperienza importante, perché ho potuto rendermi conto di quante donne, in ogni parte del mondo, si dedicano a un attivismo concreto che passa per lo piú sotto silenzio. Le tre donne premiate che ho conosciuto ad Aosta hanno storie straordinarie.

Mary Akrami, trentatre anni soltanto, ha fondato a Kabul lo Awsdc (The Afghan Women's Skills Development Centre), un'organizzazione no-profit che ha l'obiettivo di ridurre la sofferenza delle donne afgane rafforzando la loro istruzione, perché possano contribuire a ricostruire se stesse e il proprio paese. Ad Aosta Mary ha ricordato che la condizione delle donne nel suo paese è fra le piú tragiche nel mondo: l'87 per cento di loro è vittima di violenza dentro la propria casa, e quasi tutte, fuori delle mura domestiche, sono totalmente escluse dai processi di pace e ricostruzione. «Le donne afgane, – ha detto, – hanno tutto da guadagnare dalla pace, e tutto da perdere da qualsiasi compromesso di riconciliazione che metta a repentaglio i loro diritti umani. Non ci può essere sicurezza nazionale senza sicurezza per le donne, non ci può essere pace, se la vita delle donne è all'insegna della violenza, se i bambini non possono andare a scuola, se non possiamo uscire di casa per paura che qualcuno ci attacchi con l'acido solforico».

Aicha Ech-Channa è un'infermiera professionista specializzata in assistenza sociale a Casablanca. Anche lei, come Mary, non accetta l'insostenibile discriminazione contro le donne e ha fondato per questo l'Association de Solidarité Féminine, che si occupa di aiutare le ragazze madri e i bambini abbandonati. Accoglie le giovani che si trovano in grandi difficoltà e le aiuta a reinserirsi nella società tramite percorsi di studio e di formazione professionale. Cinquantotto madri lavorano oggi nel suo centro, che è stato definito un'isola «in un oceano di sevizie, stupri e violenze in Marocco».

Siti Musdah Mulia, una delle vincitrici del premio, è indonesiana e, da giurista e teologa, lotta per il rispetto dei diritti delle donne nell'islam, si oppone alla poligamia come forma di discriminazione femminile e a ogni forma di violenza, a partire dalla pena di morte. Sono stato davvero felice di leggere pubblicamente, nella motivazione del premio, che Siti «denuncia come incompatibile con la religione qualsiasi forma di violenza contro la donna». Ha poi spiegato lei stessa la sua convinzione che solo attraverso il dialogo interreligioso cesserà ogni forma di violenza e ingiustizia nel suo paese, e che le religioni vanno continuamente rilette al lume del nuovo sapere e dell'evoluzione della civiltà. Dalle idee, ai fatti: nel 2004 Siti ha ottenuto una modifica della legge sulla poligamia in Indonesia, lentamente attuata negli anni successivi non senza difficoltà, perché, come lei stessa ha spiegato, «la legge è importante, ma ciò che va cambiata è una cultura radicata da millenni».

Osservando l'espressione di Siti, il suo modo dolce di parlare cosí lontano dai toni dell'integralismo, ho visto come le donne, unendo la pacatezza alla forza delle loro convinzioni, stanno diventando maestre nei cambiamenti culturali.

Per me è stata un'iniezione di ottimismo, la conferma che il ruolo delle donne nella scena mondiale è appena agli albori, e che quando progressivamente e pacificamente la domineranno, come io credo che avverrà, potremo davvero aspettarci una vita migliore e piú giusta.

Credo che la donna sia l'ago della bilancia che può spostarci verso un mondo migliore, da cui la violenza è bandita. Quando nel novembre 2009 ho creato il movimento Science for Peace, con la Conferenza internazionale di Milano, ho pensato soprattutto alle donne e conto soprattutto su di loro perché l'utopia pacifica diventi realtà. Le donne desiderano la pace e odiano la violenza e la guerra non solo per motivi biologici. La guerra è disordine, uccide i figli e i compagni e sconvolge l'armonia delle cose. La volontà pacifista femminile nel mondo è fortissima. Penso ad Aung San Suu Kyi in Birmania, di cui abbiamo già parlato, Ingrid Betancourt in Francia, Manuela Dviri Vitali Norsa in Israele, Rita el Khayat in Marocco, Tara Gandhi in India, Shirin 'Ebādi in Iran. Anche a Kathleen Kennedy, che sviluppa il pensiero pacifista dello zio John Fitzgerald negli Usa. Solo per citarne alcune, che hanno anche aderito a Science for Peace.

Sul loro coraggio e la loro umanità sono stati scritti libri e articoli molto belli e poetici. Io ricordo in particolare una frase di Shirin 'Ebādi, con cui, come ho già accennato, ho avuto occasione di passare diverso tempo a conversare, se cosí si può definire un discorso misto in persiano, inglese e italiano, mediato con grande passione dalla sua interprete Ella Mohammadi. Quando l'ho incontrata a Milano per Science for Peace si era vista da poco sequestrare il denaro del Nobel e tutti i suoi averi. Mi ha raccontato che vive costantemente in viaggio e riceve ogni giorno minacce di morte. «Se torni in Iran certamente ti uccideremo, – le hanno detto, – ma ovunque tu sia probabilmente ti uccideremo». Le ho chiesto se aveva paura, e lei ha risposto: «Io non ho paura. Accetto il rischio, fa parte della mia vita, ormai. Sono loro che hanno paura. Altrimenti non vorrebbero uccidere una piccola donna come me».

Il futuro è donna

Credo di essere stato un buon padre per i miei figli, ma sono consapevole che non deve essere stato facile per loro confrontarsi con me, con i miei impegni, con il mio lavoro. Soprattutto per quelli che hanno deciso di intraprendere la mia stessa professione. Avere accanto a me in ospedale Paolo, il mio figlio maggiore, e Giulia, la mia prima figlia femmina, è una soddisfazione immensa, perché li ho visti crescere professionalmente e ho visto la stima nei loro confronti e per il loro lavoro crescere ogni giorno di piú. A volte penso però che lo sforzo che hanno dovuto compiere per affermarsi sia stato, per certi versi, doppio rispetto a chi ha un cognome diverso dal loro. Per Giulia a quel cognome si aggiunge «il peso» del suo essere donna e mamma di tre bambini. Mia figlia è una persona molto forte e riservata e per questo ricordo molto bene una delle rarissime volte che si è sfogata con me.

– Ma come hai fatto, papà, a leggere e a studiare sempre, con sette figli in casa?

– Non ho mai chiuso la porta, – le ho risposto con sincerità. – Quando tornavo a casa dopo una giornata di sala operatoria, di visite alle pazienti, di riunioni organizzative, e dovevo ancora studiare, ho sempre lasciato aperta la porta della mia stanza, perché non mi hanno mai infastidito i pianti, gli sfoghi e le richieste continue di voi bambini. Anzi, quasi mi conciliavano il pensiero, fino a diventarmi indispensabili. Anche quando lavoro in istituto non mi chiudo mai nel mio ufficio. I telefoni che squillano, il via vai di gente che vuole incontrarmi, le voci familiari delle segretarie, ormai sono un sottofondo imprescindibile per me.

– Io di figli ne ho solo tre, eppure mi sento proprio come te. Il nostro lavoro non finisce una volta usciti dall'ospedale, e sono abituata a continuare a studiare a casa e a preparare gli articoli scientifici con un gran chiasso intorno. Ma la differenza fra noi è che questo chiasso per me non è un sottofondo, è la mia vita. Quando sento a casa i pianti dei bambini mentre sono al computer a elaborare i dati dei miei malati, io sento che quelle richieste sono per me. Mio marito, anche lui sfinito dalla sala operatoria e dalle visite, accorre sempre per primo e fa di tutto per aiutarmi, soprattutto se sa che sono impegnata in un nuovo studio in cui vedo delle speranze; ma il richiamo dei figli è comunque irresistibile. Allora, mi dico che il pensiero sa aspettare, ma i bambini no. Salvo i dati nel pc e nella mia mente, spengo tutto, fingendo di aver finito per sollevare mio marito dai sensi di colpa o di inadeguatezza, e vado da loro, a volte solo per risolvere un capriccio o fare un gioco speciale. Solo quando sono tutti profondamente addormentati – il che può avvenire anche molto tardi – ritorno alle statistiche. Spesso mi si chiudono gli occhi davanti al video, ma anche lo studio ha una sua voce irresistibile e non mi è mai successo di consegnare in ritardo il testo di una nuova pubblicazione o la relazione per un congresso.

Ho visto in mia figlia il ritratto inaspettato e vero di una donna complessa, «multidimensionale», chirurga inappuntabile, ricercatrice metodica, medico empatico, madre attenta, compagna amorevole.

Mi colpisce sempre la capacità tutta femminile di pensare contemporaneamente a tante cose, anche lontanissime: i capricci dei bambini e i dati dei pazienti; e di passare da una dimensione all'altra in modo del tutto naturale.

Mi stupisce la forza di sopportare una fatica doppia rispetto a quella che la maggior parte degli uomini è in grado di sostenere, e di sopportarla da sole, senza l'aiuto di nessuno.

Va senz'altro riconosciuta ai compagni «moderni» la disponibilità e la buona volontà di partecipare alla gestione della casa, ma è un mutuo soccorso a due vie: nei clan familiari del secolo scorso, invece, le donne erano il nodo centrale di una rete di parentele sulle quali si intessevano rapporti solidali fortissimi e intoccabili.

Il film di Ermanno Olmi *L'albero degli zoccoli* descrive magistralmente questa atmosfera di povertà, di fatica continua ma soprattutto di dignità e amore per la vita. La vedova Runk, ad esempio, per strappare i suoi figli alla fame lavora come lavandaia, ma non esita a dividere il poco cibo con il mendicante Giopa, ancora piú povero di lei. E quando la mucca da latte della famiglia si ammala e il veterinario consiglia di mandarla al macello, Runk non si rassegna, va in chiesa a far benedire l'acqua, la disseta, la cura, e la salva. La aiuta sempre con la sua saggezza popolare il padre Anselmo, una bocca in piú da sfamare e nonno indimenticabile con le sue filastrocche e proverbi che tengono lontani dai bambini le paure e le fatiche della vita reale. Dall'esterno il clan poteva apparire claustrofobico, ma al suo interno le donne erano innegabilmente protette: ognuna di loro viveva con la propria madre, con le figlie, le sorelle, le cugine, e tutte si aiutavano materialmente e si sostenevano psicologicamente.

Mi ricordo che le donne che vivevano con noi in cascina, quando ero bambino, facevano molta vita di gruppo: lavoravano insieme negli orti e nei campi, cucivano, rassettavano, erano sempre affaccendate. Spesso mi permettevano di partecipare, e fingendomi impegnato in qualcosa mi divertivo a origliare i loro discorsi. Ricordo che una frase in particolare ricorreva spesso: «Non ti lamentare con tuo marito. Tanto, appena esce dalla porta di casa, fino a sera, la padrona sei tu». Non è per caso, ho pensato molti anni piú tardi, che la parola donna derivi dal latino *domina*, che significa «padrona» e ha in sé la radice di *domus*, casa, e dunque donna significa padrona della casa, dove la casa è insieme luogo e comunità.

Oggi lasciare la famiglia d'origine equivale a conquistarsi la libertà, ma il prezzo che si paga per questa scelta è la perdita di una condivisione – di affetti e di compiti – che sarebbe preziosa per una donna «multifunzionale». Quello che stiamo attraversando, mi pare, è un momento di transizione: la protezione e la solidarietà del vecchio modello familiare non sono ancora state sostituite da un modello sociale che abbia funzioni analoghe, e che tenga conto dei ruoli effettivamente occupati dalla donna. Sarebbe necessaria, forse, una specie di rivoluzione copernicana: l'organizzazione sociale oggi ruota essenzialmente intorno all'uomo, e invece dovrebbe ruotare intorno alla donna, perché la donna, in questo momento, è piú adatta a garantire lo sviluppo della civiltà.

So che può sembrare un'affermazione utopistica, e certamente scatenerà l'indignazione di molti uomini, ma a ben pensarci una società matriarcale avrebbe dei vantaggi per tutti. Certamente l'obiettivo finale dovrebbe essere una totale parità fra i sessi, ma parità non può significare omologazione: la donna non deve essere costretta ad assumere le caratteristiche del maschio per poterne avere gli stessi ruoli e gli stessi diritti.

Si tratta invece di riequilibrare secoli di indiscussa dominazione maschile. Per esprimere la propria personalità, una donna era (e talvolta, ancora, è) obbligata a ricorrere a sotterfugi, proprio come quello, semplice, delle donne della cascina della mia infanzia, che aspettavano che il marito uscisse di casa per sentirsi finalmente libere. Per questo sono a favore di una cultura e di una civiltà coniugate al femminile. L'attitudine naturale delle donne – la mitezza, la capacità di dialogo, la tolleranza, la libertà di pensiero, la predisposizione al cambiamento, la flessibilità – può riuscire laddove l'aggressività e la forza non hanno alcun esito (o hanno esiti disastrosi).

Il dominio maschile ci ha traghettato in un'epoca di indubbio progresso civile e scientifico, ma adesso, inevitabilmente, il timone va passato alla donna. Per questo non mi stanco di ripetere che il futuro è donna. La mia convinzione, lo so bene, cozza in modo evidente con la realtà: se è vero che la donna è piú «adatta» dell'uomo, – mi sento chiedere, – com'è che ancora non ha conquistato un ruolo non solo dominante, ma neppure paritario?

La prima ragione, a cui già ho accennato, è organizzativa: la società non è strutturata per favorire la carriera lavorativa della donna. In particolare, sulle sue spalle pesa un innegabile pregiudizio psicologico: la convinzione che l'uomo sia dotato di una maggiore capacità decisionale. Per questo, quando si arriva ai vertici del potere, è a lui che è affidata la responsabilità delle scelte piú critiche. Accade in tutti i campi: anche nel mio. Le ricercatrici e le donne medico sono molte, piú dei maschi, ma le cariche piú alte sono in mano agli uomini.

Il secondo ostacolo ha a che fare con il peso culturale delle religioni. La religione cristiana, ad esempio, rivela la sua indole maschilista nel divieto di sacerdozio imposto alle donne, che le estromette completamente dalla «carriera» religiosa. Gli apostoli, di cui i sacerdoti sono eredi, erano tutti maschi, anche se sotto la croce di Cristo morente c'erano solo donne, e i suoi seguaci fedeli si erano dileguati. Il culto mariano oggi è molto incoraggiato, ma proporre un papa donna sarebbe un'eresia.

Infine, a frenare la conquista femminile della società, c'è forse un residuo senso di colpa nella coscienza delle donne, che faticano a trovare un equilibrio fra ruolo pubblico-professionale e ruolo materno-familiare. Come mia figlia che non riesce a resistere al richiamo dei bambini, anche se sta concludendo una ricerca, vedo intorno a me tante donne-mamme-lavoratrici che si assumono continuamente nuove responsabilità, senza però delegarne nessuna. Nell'indecisione se lasciare al compagno l'onere della spesa o la pulizia della cucina, la gestione e l'arredamento della casa oppure i compiti dei figli, i rapporti con la scuola, i colloqui con gli insegnanti, o ancora l'assistenza ai genitori anziani, spesso la scelta è di fare tutto da sola.

Quando chiedo alle pazienti o alle mie collaboratrici se hanno mai provato ad alleviare l'affanno in cui le vedo dibattersi, mi sento dire: «Sa, professore, faccio prima a fare io, subito, piuttosto che dopo aspettare che faccia qualcun altro, e nel frattempo stare pure in ansia». È una frase, questa, dal forte potere rivelatore: esplicita la percezione che tutto quell'affollarsi di compiti – e allo stesso tempo ognuno di questi compiti – sia un elemento importante dell'essere donna, e dunque un aspetto irrinunciabile quanto è ormai irrinunciabile il ruolo lavorativo. Sono convinto che progressivamente la donna smetterà di percepire la «liberazione» da alcuni ruoli come una minaccia alla propria femminilità: è un processo che vedo già in atto nelle ragazze che si affacciano oggi al mondo del lavoro, e credo che l'ambiente sociale debba contribuire a questa evoluzione, infrangendo quel che resta dei tabú culturali che impediscono alle donne una partecipazione attiva.

Ma come? Entriamo qui nel capitolo delicatissimo del «che fare» per le nostre donne. E io, su questo tema, ho le idee molto chiare. La conduzione del paese dovrebbe essere per il 50 per cento in mani femminili. Metà dei parlamentari, cioè, dovrebbero essere donne, e la stessa partizione dovrebbe essere garantita per legge nelle regioni, nelle province e nei comuni nella composizione delle giunte, dei comitati e di ogni organo decisionale. È necessario che la presenza delle donne raggiunga la parità numerica ai vertici delle carriere universitarie, e nel sistema ospedaliero e assistenziale metà delle cariche di direzione generale e scientifica dovrebbe essere ricoperta da donne. Nel campo finanziario ed economico, poi, bisognerebbe incentivare in modo specifico, con stanziamenti ad hoc, l'imprenditoria femminile, e la presenza delle donne nel sistema bancario, a partire dalla composizione dei comitati etici, dovrebbe essere garantita ai cittadini. Parallelamente è indispensabile assistere la maternità, con una politica familiare decisamente orientata al sostegno dell'occupazione femminile. Per cominciare andrebbe istituita una rete efficiente e capillare di asili nido, che non sono un lusso dei paesi che godono di un welfare avanzato, ma una necessità segnalata a livello internazionale.

Si fa spesso riferimento al rischio rappresentato dalla spinta della forza lavoro femminile: un surplus di donne in cerca di occupazione e in competizione con il maschio. Il che è ovvio e inevitabile, ma è anche un giusto prezzo da pagare per avere finalmente ai vertici della nostra società figure piú ricche e piú complete, che possono dare un contributo sostanziale e finora ignorato, o solo parzialmente valorizzato.

Se solo ci soffermassimo a riflettere con piú attenzione, non sarebbe difficile individuare gli incredibili punti di forza femminili che potrebbero migliorare sensibilmente le sorti della società odierna. Io ci ho provato, e ne ho individuati almeno dieci.

Il primo è di ordine biologico: alle donne è affidata la responsabilità della sopravvivenza della specie umana sul pianeta, attraverso la procreazione e l'accudimento della prole. Non dimentichiamo che i bambini sono esposti prima di tutto all'influenza materna, che ne determina prioritariamente l'educazione e la mentalità: il mondo dell'infanzia è un mondo femminile.

Il secondo unisce questa capacità procreativa con quella lavorativa: la sintesi di ruolo sociale e ruolo materno, pur non avendo trovato ancora una piena realizzazione, resta una fra le piú importanti conquiste femminili recenti, dotata di un grande potenziale rivoluzionario.

Il terzo è la resistenza al dolore e alla fatica. Sono stato tante volte testimone dell'eccezionale capacità femminile di accettare e affrontare la malattia – e molte altre tragedie – fino a trasformarla in un pretesto per fare ordine nella propria vita, o persino in un'occasione di rinascita personale.

Il quarto punto è la motivazione che caratterizza il loro lavoro e l'attaccamento all'istituzione che rappresentano. Se una donna si impegna per un qualsiasi ente (azienda o istituto pubblico) o tanto piú una causa che sente propria, ne applica con costanza e intelligenza i principî.

A questo è indirettamente collegato il quinto punto, che è il senso della giustizia. Metà dei nostri magistrati è donna e molte si distinguono e si trovano alla ribalta delle cronache per la loro integrità e fermezza nel giudizio.

Del sesto punto ho già parlato piú volte: è la tendenza all'armonia, che enfatizza il senso femminile per la disciplina, l'organizzazione e l'ordine.

Il settimo è la maggiore sensibilità artistica e culturale. Basta guardarsi intorno nella sala di un cinema, a teatro, a un incontro letterario, a un concerto, a una mostra di pittura, scultura o fotografia, per rendersi conto che la maggioranza del pubblico è composta da donne. Troverete, invece, pochissime donne allo stadio.

L'ottavo è la capacità intellettuale di ragionamento e concentrazione. Per secoli si è detto che la donna non era adatta alle attività scientifiche, ma è vero il contrario: piú della metà dei miei ricercatori è di sesso femminile, e la loro produttività e il loro ingegno sono straordinari.

Il nono punto è che le donne, contrariamente a quanto si crede, sono piú brave degli uomini a decidere nei momenti critici. Quando un matrimonio fallisce, ad esempio, in molti casi è la donna che prende in mano la situazione e fa il passo di chiedere il divorzio. Nel campo della salute la maggiore capacità decisionale della donna è innegabile. Se c'è da gestire una situazione complessa, per curare genitori anziani o figli, scegliere terapie e medici e organizzare l'assistenza, è sempre lei in prima linea.

Il decimo è che la donna è naturalmente meno aggressiva dell'uomo, non ama la violenza ed è portata a cercare soluzioni diplomatiche. E l'assenza di conflitti è la condizione imprescindibile per il moderno progresso della civiltà.

È ovvio che non pretendo di comprimere in questo personalissimo elenco il contributo che le donne hanno dato alla storia. Come scrive Stefania Prestigiacomo nella prefazione al libro *Italiane*, le donne sono da sempre il lato oscuro della luna: presenti e agenti, ma invisibili. Non cito questo libro per caso: curato da Eugenia Roccella e Lucetta Scaraffia, racconta la storia di 247 donne che, dalla Prima guerra mondiale al secondo dopoguerra, hanno contribuito alla crescita della coscienza femminile e della cultura del nostro paese. Anch'io, che proprio in quegli anni ho vissuto la mia giovinezza sentendomi un femminista ante litteram, sono rimasto stupito dalla forza e soprattutto dalla varietà di questi ritratti femminili. Non ho ritrovato solo le grandi scrittrici e poetesse (la letteratura è un terreno tipicamente femminile, almeno come pubblico, e tra le donne vissute in quel periodo c'è Grazia Deledda, unica donna italiana ad aver ricevuto il premio Nobel per la letteratura), le intellettuali come Giancarla Mursia, o le reporter che hanno aperto la via al giornalismo politico e di guerra come ad esempio Oriana Fallaci; ma ho scoperto patriote infervorate che hanno partecipato all'Unità d'Italia incoraggiando e persino finanziando i combattenti; filantrope che hanno creato enti assistenziali e educativi in tutto il paese, fermamente convinte che l'Unità d'Italia non fosse realizzabile nell'indigenza e nella povertà, e la cui lungimiranza ha colmato molte lacune dello Stato nell'istruzione e nel sociale; e ancora donne aristocratiche nei cui salotti, animati da figure passate alla storia come Mimi Pecci-Blunt, si coltivava e si diffondeva senza clamore il germoglio della cultura, della filosofia e della politica; le imprenditrici, in testa allo sviluppo dell'industria italiana nel mondo, dalla moda al design; e poi artiste, attrici e ballerine che il mondo ci ha invidiato e che sono state elette a modello di bellezza, intelligenza e grazia; pittrici, scienziate, leader politiche appassionate come Adele Faccio che ha sopportato la galera pur di far approvare la legge 194 sulla legalizzazione dell'aborto; le sportive che per prime hanno sfidato la superiorità fisica del maschio.

È bello rendersi conto come dagli anni Cinquanta a oggi questa galleria femminile si sia ancora dilatata e non sia piú limitabile all'Italia, perché l'avanzata femminile è un fenomeno mondiale – anche se ne restano esclusi, tragicamente, quei paesi in cui non sono rispettati neppure i diritti umani fondamentali. Cominciamo a vedere le prime donne a capo di uno stato – dopo Golda Meir in Israele e Margaret Thatcher in Gran Bretagna, anche Angela Merkel in Germania e Michelle Bachelet in Cile –, o in altre posizioni chiave di un governo, come Rachida Dati nella Francia di Nicolas Sarkozy (che tra l'altro ha conteso con una donna, Segolène Royal, la presidenza della Repubblica francese); Carme Chacón, ministro della Difesa spagnolo; o ancora Hillary Clinton alla Casa Bianca.

Margaret Thatcher, ad esempio, mi è parsa una donna dolce, sotto un'aria austera. Ricordo che volle servirmi il tè di persona, al numero 10 di Downing Street. Mi presentai insieme a una delegazione europea nella sua residenza per parlarle di prevenzione del cancro, per mettere in piedi il programma Europa contro il cancro. Nel mezzo della spiegazione dei pericoli del fumo, mi interruppe cortesemente, mi indicò una poltrona color cuoio scuro e mi disse: «Winston Churchill ogni sera si sedeva lí e fumava a lungo il suo sigaro. Perché non gli è venuto il cancro al polmone?» «La logica inossidabile delle donne», pensai quando le spiegai il concetto di rischio e il calcolo delle probabilità, e soprattutto il bene sicuro per l'insieme della popolazione. Mentre credo che il suo pensiero fu: «Che ognuno decida per sé, con conoscenza, in coscienza e libertà».

Nell'arte, nella cultura e nella comunicazione la presenza femminile continua a crescere, anche nei campi piú tradizionalmente riservati agli uomini, come la regia e la produzione cinematografica; nel mondo scientifico l'ascesa è difficile ma costante: non dimentichiamo ad esempio che la nostra Rita Levi Montalcini non solo ha ricevuto il Nobel per la medicina, ma le sue attività educative e assistenziali nei paesi in via di sviluppo ne hanno fatto una figura di peso internazionale; nelle competizioni sportive di livello mondiale le atlete sono numerosissime; anche in vetta alle gerarchie aziendali le donne manager non sono piú un'eccezione, come dimostra il fatto che oggi, in Italia, alla presidenza di Confindustria c'è Emma Marcegaglia.

Se ipotizzassimo un libro davvero completo, una sorta di enciclopedia delle donne che stanno cambiando il mondo, sarebbe una raccolta sterminata e una sfida decisamente interessante all'ipotetica supremazia culturale maschile.

Ma non abbiamo bisogno di un elenco di nomi e di imprese per avere la certezza che le donne siano la nostra piú grande risorsa: se anche non potessi vantare il privilegio di avere incontrato alcune di queste grandi personalità, mi basterebbe guardarmi intorno ogni giorno. A casa, al lavoro, nei viaggi che mi portano in giro per il mondo. Penso spesso a Silvia, la mia seconda figlia, avvocato che ha scelto fra le tante possibilità di occuparsi del diritto di famiglia e si cala ogni giorno in problemi di conflitti dolorosi, dedicando a ognuno la sua delicata sensibilità. Guardiamo le nostre madri, le nostre mogli, le colleghe, le nostre figlie, e vediamo cosí che il futuro è donna.

La mente è cosa incantata

La poesia ha avuto un ruolo importante nella mia vita. Per quanto possa suonare strano detto da un medico e scienziato che si batte da sempre per il primato della razionalità, io credo che la poesia abbia un potere salvifico.

Alcuni versi bellissimi mi hanno accompagnato in molti momenti di sfiducia e mi hanno ridato speranza e tranquillità in quelle sere in cui è piú difficile chiudere dietro di sé, e soprattutto dentro di sé, la porta della sala operatoria. Nella poesia io leggo i segnali dell'anima – anima nel senso greco, anima come ragione e spirito, coscienza e dignità. Sono segnali che mi consolano sempre, e che spesso mi aiutano a vedere piú in là.

Amo raccontare un episodio che accadde a Mosca, quando mi trovavo lí per un congresso con alcuni miei collaboratori piú giovani. Per una strana combinazione dei voli, arrivammo il pomeriggio precedente all'incontro, e allora proposi di mettere da parte gli studi e le presentazioni e di dedicare quel giorno, inaspettatamente libero, all'esplorazione della città. Chiesi agli organizzatori di trovarci una guida. Con un po' di difficoltà per la richiesta fatta all'ultimo momento, trovarono una giovane studentessa di letteratura russa disposta ad accompagnarci. In realtà come guida turistica non si mostrò molto efficace, ma ebbe un'idea geniale. Al termine della visita ai monumenti ci riaccompagnò in albergo e decise, per farci capire lo spirito della sua Terra, di interpretare per noi in russo le poesie di Majakovskij. Rimanemmo tutti affascinati: pur senza comprendere nessuna parola, quella bella voce femminile, fra sussurri e pause, toni alti e bassi, ritmi dolci e spezzati, ci fece percepire con forza la presenza di un'anima: la profonda e dolente anima russa.

Ricordo che alla fine del congresso uno dei miei assistenti mi chiese: «Professore, come possiamo noi medici maschi combattere il cancro del seno? Potremo mai capire cosa dobbiamo fare, riusciremo mai a comprendere veramente cosa prova una donna malata?» La nostra studentessa e Majakovskij, la sera prima, ci avevano dimostrato di sí.

Non solo io leggo moltissime poesie, ma spesso scrivo poesie, per poi distruggerle immediatamente. Non mi interessa condividerle e tanto meno pubblicarle: per me il verso è un allenamento del pensiero nelle sue espressioni piú elevate. È la scienza stessa che mi ha insegnato che c'è una continuità fra le varie forme del pensare: la poesia è una lente di ingrandimento sul mondo, e ci aiuta a carpirne i dettagli nascosti. «La cosa piú nobile che lo spirito umano possa fare a questo mondo è vedere qualcosa, e dire in modo diretto quello che ha visto. Ci sono centinaia di persone che sanno parlare per una sola che sa pensare; ma migliaia sanno pensare per una che sa vedere. Vedere chiaramente è al contempo poesia, profezia e religione». Sono parole di John Ruskin, trascritte dalla poetessa americana Marianne Moore sul suo taccuino – e io, come lei, ci vedo la migliore descrizione della poesia intesa come esercizio per la mente. Scrive proprio Moore: «La mente è cosa incantata, [...] | tenta la strada come se fosse cieca e cammina tenendo gli occhi a terra. || Ha l'orecchio della memoria | che sa udire senza | dover udire [...] | e strappa il velo, squarcia

| la tentazione | la nebbia che il cuore porta addosso | gliela strappa dagli occhi – se pure il cuore | ha un volto».

Credo così profondamente nella forza della poesia che sono convinto che i nostri ragazzi, a scuola, piuttosto che studiare a memoria lunghi componimenti dovrebbero imparare a scrivere versi. Pensiamo a cosa serve per scrivere una poesia: l'introspezione e l'analisi del proprio sentire, l'espressione sintetica, cioè la ricerca delle parole giuste per esprimere questo sentire, e infine la ricerca della musicalità di tali parole, che significa essere sensibili all'armonia. I tre passaggi necessari alla composizione poetica sono veri e propri momenti di crescita personale: la poesia ha dunque una funzione umanizzatrice e di stimolo profondo alla scoperta di quei sentimenti positivi che sono motore di civiltà. Non è un caso che la Giornata mondiale della poesia, istituita dall'Unesco, voglia riconoscere alla poesia un ruolo importante nella promozione del dialogo e della comprensione delle diversità linguistiche e culturali, e dunque nella diffusione di un messaggio di tolleranza e di pace. Nelle parole di Irina Bokova, direttore generale dell'Unesco: «la poesia è un territorio universale in cui i popoli possono incontrarsi con parole che corrono via lontano, alla ricerca dell'essere umano e della dignità che appartiene a ciascun individuo».

Le poesie che amo di più sono scritte da donne. Certo, sono molti i poeti che sanno esplorare l'animo umano ed evocare i sentimenti, ma le poetesse sono più inclini all'introspezione, e le mie preferite sono donne che sanno dar voce e corpo alla complessità della condizione femminile. Per essere completamente sincero, devo ammettere che ad affascinarmi non è semplicemente la profondità della poesia femminile, ma anche quelle figure, donne in carne e ossa, che ne sono o ne sono state le piú grandi rappresentanti. Insieme alle americane Marianne Moore ed Emily Dickinson mi piacciono le poetesse russe, e in particolare Marina Cvetaeva e Anna Achmatova, e poi la tedesca Else Lasker-Schüler. Donne di pensiero straordinarie, anticonformiste, rivoluzionarie e geniali, che hanno avuto una vita tragica e soffocata dai drammi personali, dai regimi e dall'oppressione, eppure sono riuscite a descrivere, come dice la Cvetaeva nelle sue lettere, il «Paese dell'Anima».

Donne dolcissime, che hanno vissuto nell'incomprensione e nella solitudine spirituale, come la descrive Achmatova: «C'è nell'intimità degli uomini un confine | Che né l'amore, né la passione possono osare: | le labbra si fondono nel terribile silenzio | e il cuore si spezza per amore. || Anche l'amicizia qui è impotente, e gli anni | pieni di felicità alta infiammata, | quando l'anima è libera e distratta | dal lento languore della voluttà. || Pazzo è colui che vi si appresta, | raggiungerlo è morire d'angoscia... | ora puoi capire perché non batte | il mio cuore sotto la tua mano».

Con la forza poetica molte donne hanno superato le frontiere della loro realtà. Dalle sue visite al carcere delle Croci, dove era rinchiuso il figlio Lev, durante la *ezovscina* (cosí si chiamavano gli anni del terrore staliniano, in cui era commissario del popolo agli Interni Nikolaj Ežov) nasce e si esprime il poema di Anna Achmatova *Requiem*, che si apre con questa straordinaria prefazione: «Negli anni terribili della *ezovscina* ho passato diciassette mesi in fila davanti alle carceri di Leningrado. Una volta qualcuno mi riconobbe: allora una donna dalle labbra livide che stava dietro di me, e che sicuramente non aveva mai sentito il mio nome, si riscosse dal torpore che era caratteristico di noi tutti e mi domandò in un orecchio (lí tutti parlavano sussurrando):

– Ma questo puoi descriverlo?

E io dissi:

– Posso.

Allora una sorta di sorriso scivolò lungo quello che un tempo era stato il suo volto».

I versi mi hanno fatto spesso riflettere sul perché il pensiero della donna non si trovi nella storia della filosofia e della scienza. Forse perché non corre parallelo alla storia, ma ci vive dentro e dall'interno la plasma: le donne per millenni hanno influenzato il progresso e il benessere della civiltà con l'anima e con l'azione, e ne hanno determinato l'evoluzione culturale con i modelli di comportamento, piú che con le teorie e i manuali. A volte il contributo delle donne è stato idealizzato e sono diventate delle sante, altre volte demonizzato, ed eccole streghe, o ancora soffocato nella paura, e allora le ritroviamo meretrici.

Io mi ritengo un privilegiato: la mia professione mi ha insegnato l'arte di leggere i gesti e le parole delle donne. Buona parte del mio pensiero di oggi, e dei valori che stanno alla base della mia attività scientifica e sociale, nasce dalla riflessione sulle storie di vita femminile: quelle delle migliaia di donne che ho curato come medico, delle centinaia con cui ho scelto di lavorare ogni giorno in ospedale e in laboratorio, le storie delle donne con cui ho condiviso amicizia, stima e battaglie e di quelle che ho amato come uomo.

Sono storie di donne. Storie di amore e di libertà.

In questo libro c'è dunque ciò che ho imparato dalle donne, sulle donne innanzitutto, ma anche sugli uomini. C'è l'amore, il dolore, la vita e i suoi quesiti piú profondi.

E c'è soprattutto il mio progetto di un futuro al femminile. Mentre scrivevo e ripensavo a molti momenti della mia vita, ho riscoperto una volta di piú un tesoro immenso, che ancora non abbiamo il coraggio di far venire alla luce, anche se ormai abbiamo tutti gli strumenti necessari. Vorrei che queste pagine servissero a due scopi: aprire lo scrigno, e insieme valorizzare ciò che di prezioso lo scrigno racchiude. Con amore e con gratitudine, da parte di un uomo che ha dedicato la sua vita all'ascolto del mondo femminile.

Ascoltare, va subito detto, l'ho imparato da una donna.

Indice

Stampato per conto della Casa editrice Einaudi
presso Mondadori Printing S.p.a., Stabilimento N. S. M., Cles (Trento)

C.L. 21114

Edizione	Anno
2 3 4 5 6 7 8	2012 2013 2014 2015